六国史

Rikkokushi (Ancient Chronicles of Japan)

日本書紀巻第一

神代上

古天地未剖陰陽不分渾沌如鶏子

溟涬而含牙及其清陽者薄靡

天重濁者淹滞而為地精妙之

易重濁之凝竭難故天先成而

乾元本 巻第1神代上（天理大学附属天理図書館，
『日本書紀乾元本（1）神代上』〈新天理図書館善本叢書 2〉より）

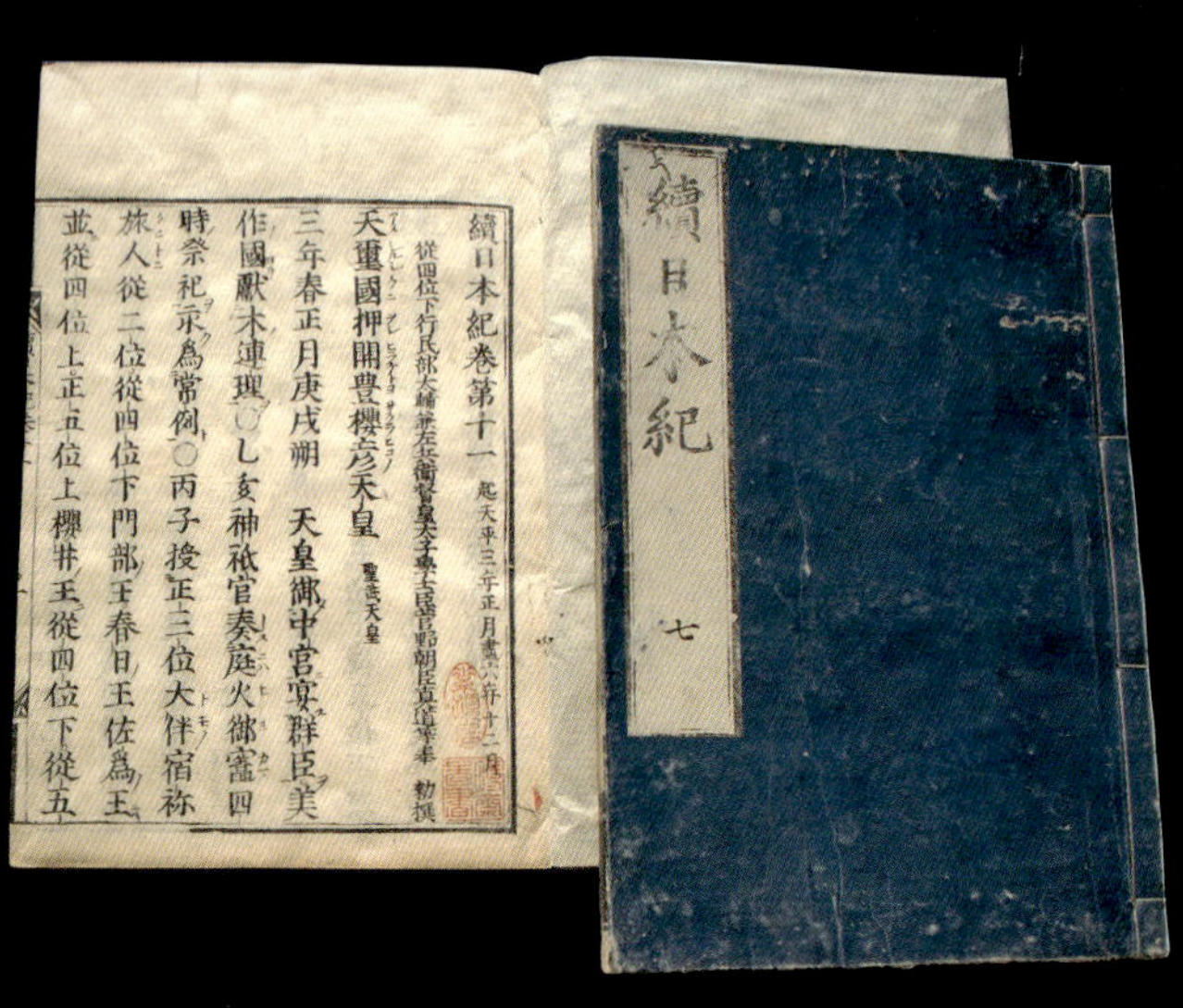

『続日本紀』明暦３年（1657）版本（立野春節校）

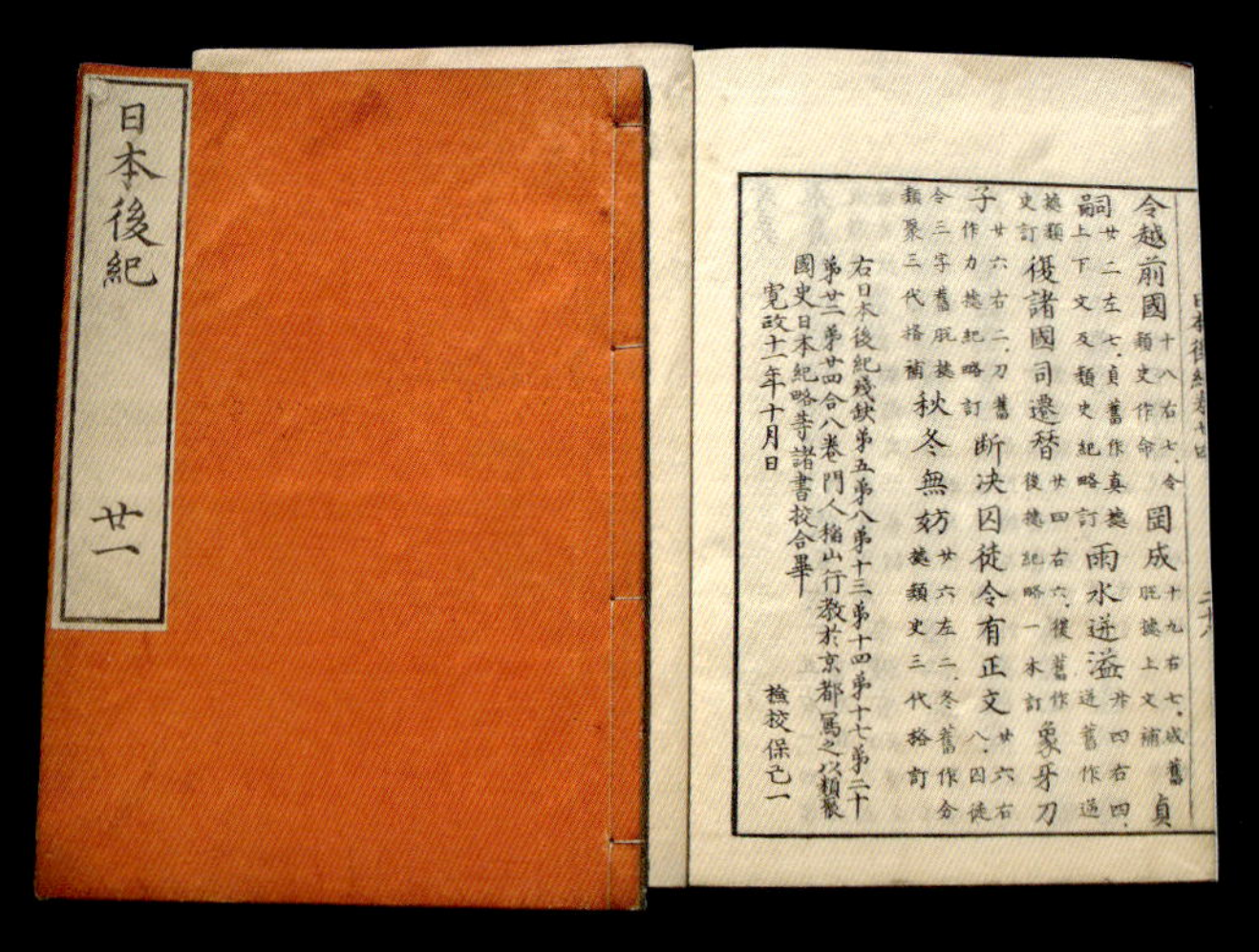

『日本後紀』寛政11年（1799）版本（塙保己一校）

中公新書 2362

遠藤慶太著

六国史——日本書紀に始まる古代の「正史」

中央公論新社刊

はじめに

六国史は奈良時代から平安時代にかけてまとめられた古代の歴史書である。西暦七二〇年に完成した『日本書紀』を筆頭に、『続日本紀』『日本後紀』『続日本後紀』『日本文徳天皇実録』、そして九〇一年に完成する『日本三代実録』まで、天皇の命令でまとめられた歴史書は六部を数える。後世これらを称して六国史と呼ぶ。

六国史が対象とした時代は長い。天地のはじまりから仁和三年（八八七）八月二六日まで、つまり遠く神代の昔から平安中期にいたる国家の動向が連続して記録されている。たとえば、八六九年、東北地方で起きた地震は大きな被害をもたらした。発光現象や建物の倒壊、津波により逆流した水が内陸まで押し寄せ、一〇〇〇人の規模で死者が出たことは、『日本三代実録』貞観一一年（八六九）五月二六日条に記されている。

この詳細な記事は、いまだ癒えない二〇一一年の震災被害と重なってみえるのみならず、将来の防災に向けた検討の材料として、考古学・地質学の分野からも大きく注目されるようになった。年月日まで特定して歴史上の地震被害を詳しく知ることができるのは、『日本三代実録』のような歴史書がまとめられ、今日まで伝わったことによる。

さて古代史の史料といえば、正倉院文書や木簡などがよく取りあげられる。毎年秋の正倉院展で展示される文書、現在も発見が続いている木簡は、古代人の自筆というだけでも十分に迫力がある。

では六国史とこれらの史料とは、どのような関係にあるのだろう。

正倉院文書や木簡は、改変の手が加わっていない古代当時の文字記録という点で第一級の史料である。ただ内容は断片的なものが多い。正倉院文書ならば写経所という限られた部局の事務帳簿として伝わっているし、木簡は目的を終えて廃棄されたものが土のなかで偶然に残ったものである。断片に体系を与え、年月日を確定し、法制の改変や政治の流れを思い浮かべるには、やはり『続日本紀』などの六国史を繙かなければならない。そして系統の異なる史料を行き来することによって、古代史の世界は一層鮮やかに蘇る。

このような六国史はいかなる目的をもって、どのようにまとめられたのか。

まず編纂のメンバーに選ばれたのは、閣僚や有識者など、時の朝廷を代表する人びとである。『日本三代実録』でいえば、天神さまとして親しまれる菅原道真（八四五―九〇三）が編纂メンバーに加わっている。文章博士であった菅原道真の「学問」は、中国史書をモデルとして、漢文による日本の歴史書を作るなかで発揮されたであろう。

この時代、公式の文書は漢文体で記されるのが通例であった。そのため六国史の序文は漢文学者の手になり、「日本人の作とわからない」と褒められるほどの凝りようである。

実例で示そう。『続日本紀』が完成して天皇に奉った文書には、史書をまとめる意義を次のように謳っている。「善を彰し悪を癉ましめ、万葉に伝えて鑑と作さん」（善人を表彰して悪人をこらしめ、万世に伝えて、みながよるべき手本・戒めとすることである）。

難しい文章であるが、歴史とは現在を戒めるための「鑑」なのだとの考えを表明していることはわかるだろう。古代の政府が史書を編む意気込みは、このようなものであった。

ともかく、成立時期の古さ、体系的な情報量、いずれを取っても六国史は古代史を語るうえでの根本史料である。だからこそ、完成から時代を経るほどに尊重されていった。

現在につながる六国史の本文は、歌人として古典に通じた貴族三条西実隆（一四五五—一五三七）のもとで筆写された写本が基礎になっている。やがて宮廷だけではなく、武家社会や学者の間にも、拠るべき古典として六国史が広まり、江戸時代に入ると商業出版が始まった。一六一五年、大坂攻めの最中に六国史の写本作成を命じていた徳川家康（一五四二—一六一六）や、失われた『日本後紀』を探し出して出版した盲目の大学者塙保己一（一七四六—一八二一）など、先人のたゆまぬ努力があってこそ、古代の歴史書は現在に伝わったのである。古代史の研究は、ある面では、近世国学の業績の上に築かれている。本書では、近年の研究成果を参照するのはもちろん、これら先人の六国史解釈についても活用したい。

＊

さて、この根本史料である六国史は、適切な校訂（本文の誤りを正し、成立当初の状態に復原すること）を加えた原文がすべて公刊され、詳細な注釈や現代語訳も出版されている。『日本書紀』は一九世紀に英訳され、『続日本紀』の翻訳は現在進行中と聞く。したがって古代史の専門家でなくとも、手をのばせば六国史の内容を目にすることができる。本書でも六国史をはじめとする史料引用は、特に指摘がない以外、筆者による現代語訳で示した（また、史料以外の文献の引用も新漢字、現代仮名遣いに改めている）。

ただ現代語訳があっても、一読即解な記事ばかりではない。むしろ官庁の記録文書が材料となっているために、硬い記事が大半を占める。新聞でいえば、政府の声明、官庁の人事異動、訃報、首相動静、災害のレポートなどを思い浮かべれば、わかりやすいだろうか。

したがって六国史を「通読」する者など、実際は稀有であろう。この一見無味にさえみえる日々の記事を読み解くには、やはりそれなりの訓練が必要なのである。

本書では、筆者なりに読み解きの「手のうち」を紹介しながら、読者とともに六国史の成り立ちを考えてみたいと思う。また六国史を伝えた人びとの営みにも目を向けたい。

それでは、汲めども尽きない古代史の宝庫、六国史の世界に分け入っていこう。

目次

六国史関連の天皇系図（＊は女帝）

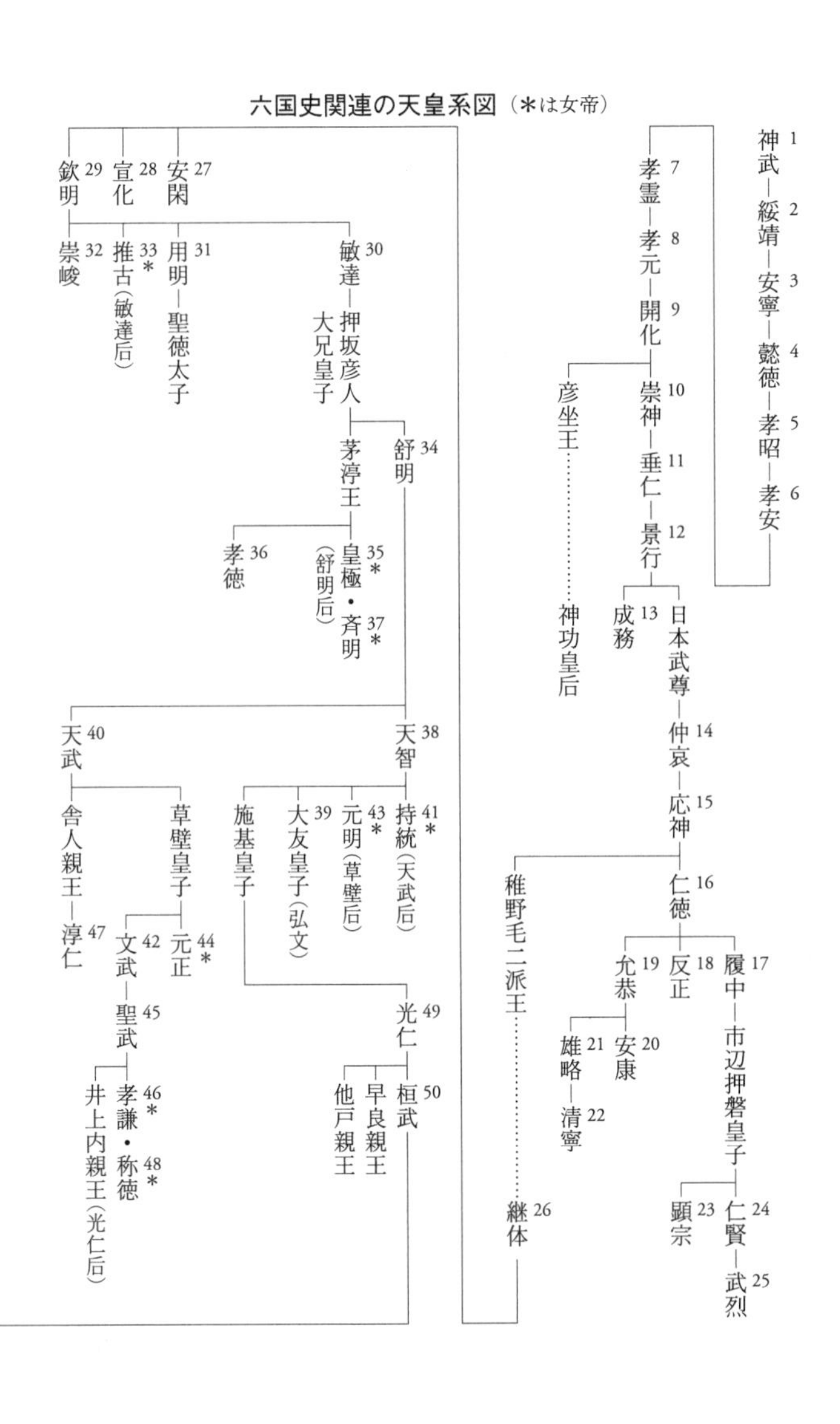

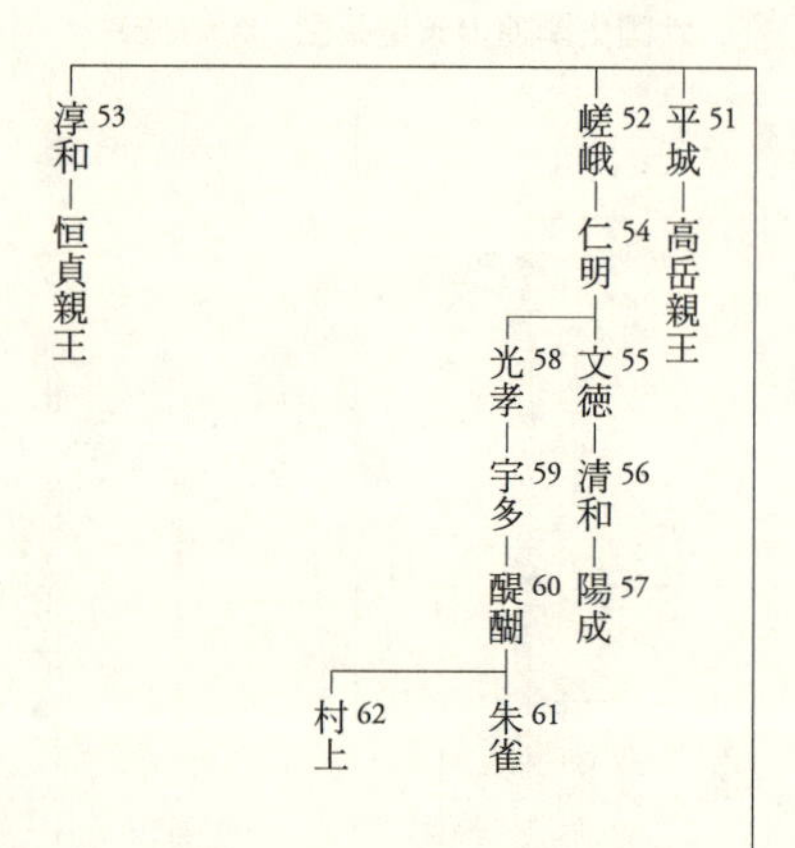

出典：大津透『天皇の歴史　神話から歴史へ』（講談社，2010年）を基に筆者作成

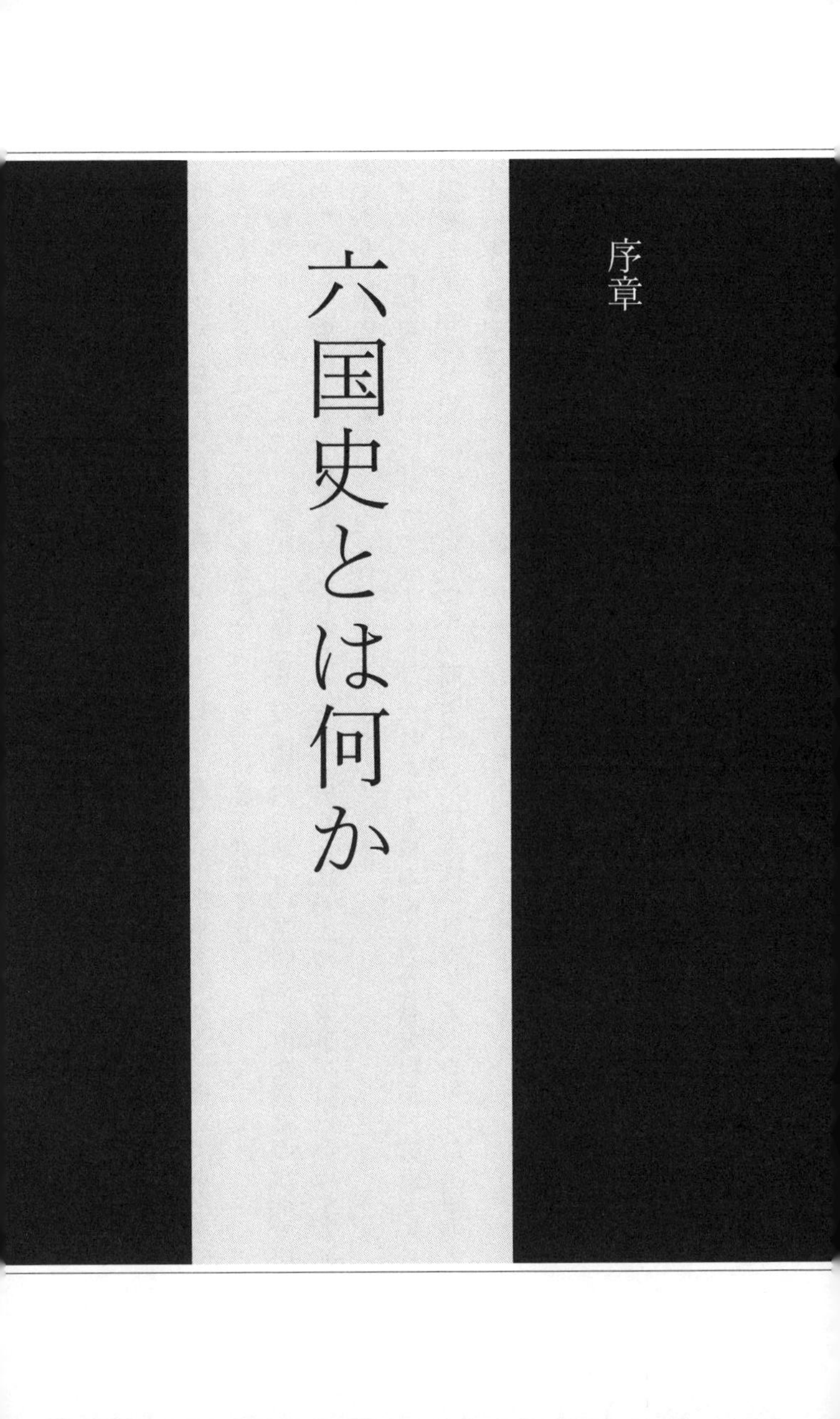

序章

六国史とは何か

古代日本の国家の歴史

歴史学は史料（歴史資料）を拠りどころとして、過去の出来事を考える。そして事実を明らかにし、明らかになった事実を解釈することで研究が進んできた。

時代により論者によって「解釈」が異なるのは当然である。学問は自由な議論のなかで深まっていく。議論で重要なのはやはり史料である。史料とは過去の出来事を明らかにする証拠であり、歴史学の研究でいつも立ち返るべきものである。

日本の古代史について知ろうとするとき、なによりも根本になる文献史料が六国史である。六国史とは、「はじめに」でも述べたが、簡明にいえば古代の日本でまとめられた「国史」――国家の歴史である。

奈良時代の『日本書紀』に始まって平安時代の『日本三代実録』まで、その間一八一年、天皇の命令（勅撰）により歴史書をまとめる事業が継続して行われた。そして『日本三代実録』を最後に、現在にいたるまで政府が「国史」を編むことは行われていない。『明治天皇紀』や『昭和天皇実録』など、近代天皇の実録は類似する性格があるが、主眼は天皇の事績をまとめることにある。その意味でも、六国史はすぐれて古代的な歴史書といえるだろう。

成立した国史は六部あった。書名・巻数・成立年をはじめに0－1で掲げて紹介しておこ

0-1　六国史一覧

書　名	巻　数	成立年
日本書紀	30巻・系図1巻	養老4年（720）
続日本紀	40巻	延暦16年（797）
日本後紀	40巻（現存10巻）	承和7年（840）
続日本後紀	20巻	貞観11年（869）
日本文徳天皇実録	10巻	元慶3年（879）
日本三代実録	50巻	延喜元年（901）

う。

この六部の国史を慣例で「六国史」と表記し、「りっこくし」と漢音で読んでいる。同様に「続日本紀」も漢音で「しょく・にほんぎ」である。

並べればわかるように、六国史の書名には「紀」と「実録」がある。「紀」は中国史書の「本紀」のように、歴史書のなかで天子の行動・事績に関する篇名である。「実録」は本来、事実に基づいた記録を意味する語で、『高祖実録』『太宗実録』（唐代）のように皇帝の事績をまとめた文献名でもある。

日本の六国史は、「紀」から「実録」へと書名こそ変化しているが、内容上の違いはない。詳しくは後述するが、天皇の治世によって区切りを設け、漢文によって編年の順に記述する姿勢は一貫する。国号「日本」を冠するのも共通している。

編年史による歴史事件の記述

史料としての六国史の価値は、成立時期が古いこと、情報量が豊富なことである。

『日本書紀』を例に挙げると、この日本最初の歴史書は、皇室と国家の起源について神代から起筆し、飛鳥(あすか)時代までを対象とする。この時期の他の史料といえば、飛鳥で発掘された七世紀の木簡や法隆寺(ほうりゅうじ)関係の銘文のように限られたものしかない。さらに時代をさかのぼれば、国内の文字史料は皆無に近く、『日本書紀』の存在感は圧倒的である。

『日本書紀』は神話・伝承までも収録するため、その内容が史実であるか十分に用心しなければならない。とはいえ、七世紀以前の古代史を解明するうえで、『日本書紀』は避けて通れないことも事実である。なにより『日本書紀』の記述を完全に否定し去るだけの別の情報源は、現時点で誰も手にしていないからだ。

情報の豊富さは、六国史の編纂が勅命を受けた公式の事業であることが大きい。

戦前を代表する東洋学者、内藤湖南(ないとうこなん)（一八六六—一九三四）は、歴史と記録・史料を対比し、六国史を引き合いに出した。『史記(しき)』なら司馬遷(しばせん)、『漢書(かんじょ)』なら班固(はんこ)といった著述者の見識が発揮された中国の歴史書と比べたとき、きっと湖南の目には六国史が物足りなく映ったのだろう。六国史は、「官報(かんぽう)を綴(と)じ込んだようなもの、毎日毎日書いたものが何時(いつ)の間にか集まったもの」（「白石(はくせき)の一遺聞に就(つ)て」）と評している。

湖南の発言は、手当たり次第に書かれた目的のない、つまり歴史観のない書物、といった消極的な評価であった。しかしこれを筆者なりに捉えなおすと、六国史の記事が公文書・日録を材料としたことへの着目であり、史料としてみるならばむしろ、大きな利点と映る。

そもそも政府の記録は誰もが利用できたわけではない。高度の情報は高い地位にある人物や上位の政治機構に集約される。勅撰の重みを持つ六国史だからこそ、政府の記録を活用し、「官報」のような内容になり得たのである。したがって日本の古代について個別・断片ではない情報を得ようとするとき、六国史を凌ぐ文献史料は他にない。

この「断片ではない」ことは六国史の特徴である。

六国史は編年体で歴史事件を記述する。すなわち何年何月何日にどのような事件があったかを、時間の経過に従って書き連ねていく。

史書の場合、長い年月を書き続けていることによって、一〇年、二〇年あるいは一〇〇年といった長い時間のなかに事象の展開をみることができる。

聖武天皇（七〇一―七五六）を例にとると、八世紀を生きたこの天皇の生涯は、『続日本紀』では大宝元年（七〇一）の誕生から天平勝宝八歳（七五六）の崩御まで、その全貌を辿ることができる。やや無味乾燥な漢文の記事にはなるが、人の一生のような長い歳月の記録は、六国史が得意とするところである。

そして、一定程度以上のまとまった文字量の叙述からは、ある種の「文脈」が生まれる。

史書を編纂させた者の意図は、こうした「文脈」をつかむことで明らかになることが多い。

日本天皇の年代記

六国史に取りあげられた天皇は、初代の神武天皇から平安中期の光孝天皇まで五八代、天皇代ごとに区切りを設けている。

過去の記録を歴史書にまとめるとき、君主の治世を区切りとすることは世界的にみられた。そのことがすでに歴史意識の表れである。特に古代の日本が手本とした中国では、帝王の言動を記し、史書にまとめ、後世に伝えて鑑――判断の基準とすることが行われてきた。このような考えは六国史の序文でも繰り返し述べられている。

中国では、史書の型式（史体）が長い時間をかけて模索されてきた。すでに唐代には史書の編纂方法や史学史に相当する内容が『史通』としてまとめられている。著者は劉知幾（六六一―七二一）、唐に仕えた史臣（歴史編纂官）である。六国史を理解するため、『史通』を参照して中国の修史制度を少しみておこう。

中国の史書編纂の歴史は、唐の時代が画期である。二代太宗（在位六二六―六四九）の時代に前代の史書が集中的に編纂され、史書編纂の専門部局「史館」が設けられた。一方、唐皇帝の日常の生活や言動は起居注として記録し、起居注をもとに皇帝ごとの実録がまとめられていく。実録がやがて「国史」へと編纂されるのである。

『史通』を読み進めると、史書の型式として編年体（記事を月日歳月に並べる）と紀伝体（帝王を本紀、臣下を列伝に配する）の比較が詳しい（二体篇）。劉知幾はそれぞれに長短があるとしながら、徐々に断代（王朝ごと）の紀伝体について議論を絞っていく。唐の史臣にとって、正史は紀伝体を採用するのが原則だからである。

それでは日本の六国史はどうであろうか。天皇代ごとの時間経過に従って記事を並べているので、おおまかには編年体の史書といえる。

ただし六国史は、天皇代ごとのまとまりを「紀」と呼称した。

詳しいことは大泊瀬天皇紀〔雄略紀〕にある。　（『日本書紀』安康天皇三年八月）

このことは豊御食炊屋姫天皇紀〔推古紀〕にみえている。　（同　用明天皇元年正月）

このことは天命開別天皇紀〔天智紀〕にある。　（同　持統天皇即位前紀）

このことは高野天皇紀〔称徳紀〕にある。　（『続日本紀』宝亀三年四月丁巳〈六日〉条）

このことは廃帝紀〔淳仁紀〕にある。　（同　延暦五年正月戊戌〈七日〉条）

このことは太上天皇紀〔嵯峨紀〕に詳しい。　（『日本後紀』逸文　淳和天皇即位前紀）

このように天皇ごとのまとまりを「紀」と呼ぶことは、六国史が天皇の年代記であることの表れである。

『史通』で確認すると、「紀（本紀）の体は、春秋の経文のようなものである。日月に繋けて歳月を表し、君主のことを書いて国の正しい血すじを明らかにする」とある（本紀篇）。よって「本紀」そのものは編年である。ただし単純な編年体ではない。君主の挙動を記すことで、国家の歴史をも描き出そうとする意図が「紀」にはある。

日本では近代を迎え、孝明天皇・明治天皇の事績を公的な書物として残そうとしたとき、『孝明天皇紀』『明治天皇紀』のように「紀」の名称が採用された。古代より途絶えていた史書編纂の伝統を踏まえ、天皇個人を描きながら、そこに国家の歴史をも重ねる。「紀」のあり方がよく表れているだろう。

ここであらめて六国史の書名をみてみると、「紀」（『日本書紀』『続日本紀』『日本後紀』『続日本後紀』）と「実録」（『日本文徳天皇実録』『日本三代実録』）の二群に分かれる。

しかし六国史の「紀」と「実録」には史書の型式に顕著な違いは見当たらない。仁明天皇一代の『続日本後紀』があれば、清和・陽成・光孝、三代の天皇を対象とした『日本三代実録』もある。なにより、後述するが、六国史を項目別に再編集した『類聚国史』（八九二年編集開始）のような書物があるため、「紀」も「実録」も等しく「国史」であった。「実録」と「紀」は本質的に変わらないのである。

官制のなかの国史編纂

次に日本古代の官制から史書編纂を確認しておこう。

七五七年に施行された養老令のうち官職ごとの職務・定員を規定した「職員令」をみると、中務省の卿に「監修国史」、図書寮の頭に「修撰国史」の職務がある。国史編纂の事業は、図書寮が実務を行い、寮を所管する中務省が監修するとされていた。

また七〇一年に施行された大宝令の注釈「古記」（天平一〇年〈七三八〉頃成立）には、「国史」とは実録のようなものだと解説した部分がある。

「古記」にはこうある。「整理しととのえることを「修」という。採用したり棄てたりすることを「撰」という」と。〔中略〕また古記はこうもいっている、「「国史」とは、その当時の事実を記した書物の名称である。『春秋』『漢書』のような類である。実録のことである」と。

右は図書寮の職務「修撰国史」の解説である。「古記」が注釈しているため、図書寮「修撰国史」は養老令より前の大宝令の段階で規定のあったことがわかる。ちなみに唐制では「監修国史」は宰相、「修撰国史」は著作郎の職務であった。

「古記」は「国史」の語を解説するため、編年体の『春秋』、紀伝体の『漢書』を並列した。「国史」とは史書の名称なのだといいたいのだろう。史書の型式は問題としていない。

以上のような規定はあったが、実態としては、図書寮が編集作業を行った形跡が認められない。「職員令」をみても、図書寮の本領は宮廷蔵書の整備・管理にある。実際の編纂からみてみると、『続日本紀』の編纂では臨時部局「撰日本紀所」が設けられ、勅を受けたメンバーが編纂作業を行った。

平安期にまとめられた儀式書『新儀式』によれば、①第一大臣、②執行参議、③大外記か儒士、これを目安として国史編纂の撰者（編纂を行う者）を選ぶとある。こちらが実態を踏まえた規定であった。

垣間見える官人の世界

「紀」は君主の個人史を描きながら、国家の歴史でもある。制度の改変や外国使節との交渉といった国家的な事柄はもちろん、五位以上の官人の人事・死没までが六国史に記載された。天皇についても、崩御・埋葬時に生前のエピソードや治世の評価をまとめた記事がある。これは崩伝と呼び慣わしている。読んでいて親しみがわくのは、官人の死没の記事——薨卒伝である。略歴はもとより、人柄を伝えた逸話などが記されるからである。

死没の表現には官人の序列に従った原則が適用される。律令の規定では、親王と三位以上の官人は「薨」、諸王と五位以上の官人は「卒」、庶人は「死」と区別された。君主を頂点とする序列の表現である。そのため原則から外れた死の表現には、貶めの意図がこめられた。『万葉集』の編者として知られる大伴家持（七一八―七八五）は、『続日本紀』が「死」と記す。

中納言従三位大伴宿禰家持が死んだ。祖父は大納言贈従二位安麿、父は大納言従二位旅人である。

（『続日本紀』延暦四年八月庚寅〈二八日〉条）

本来「中納言従三位」の家持は、没して「薨」と表記されるはずである。ところが家持は藤原種継（七三七―七八五）の暗殺に関与したとされ、没後であったが官人としての籍を剝奪された。屍さえ暴かれる厳しい処分であった。そのため「薨」と表記されるべきところ、『続日本紀』は家持を庶人として扱い、「死」と貶めた。大伴家持が関係したこの延暦四年の事件は、『続日本紀』の成り立ちに重大な影響を与えているので、あらためて後述する。

ちなみに六国史は五位以上官人の叙位・任官を掲載するので、大伴家持と藤原種継の昇進

0-2　大伴家持と藤原種継の位階昇進 (年齢は数え年)

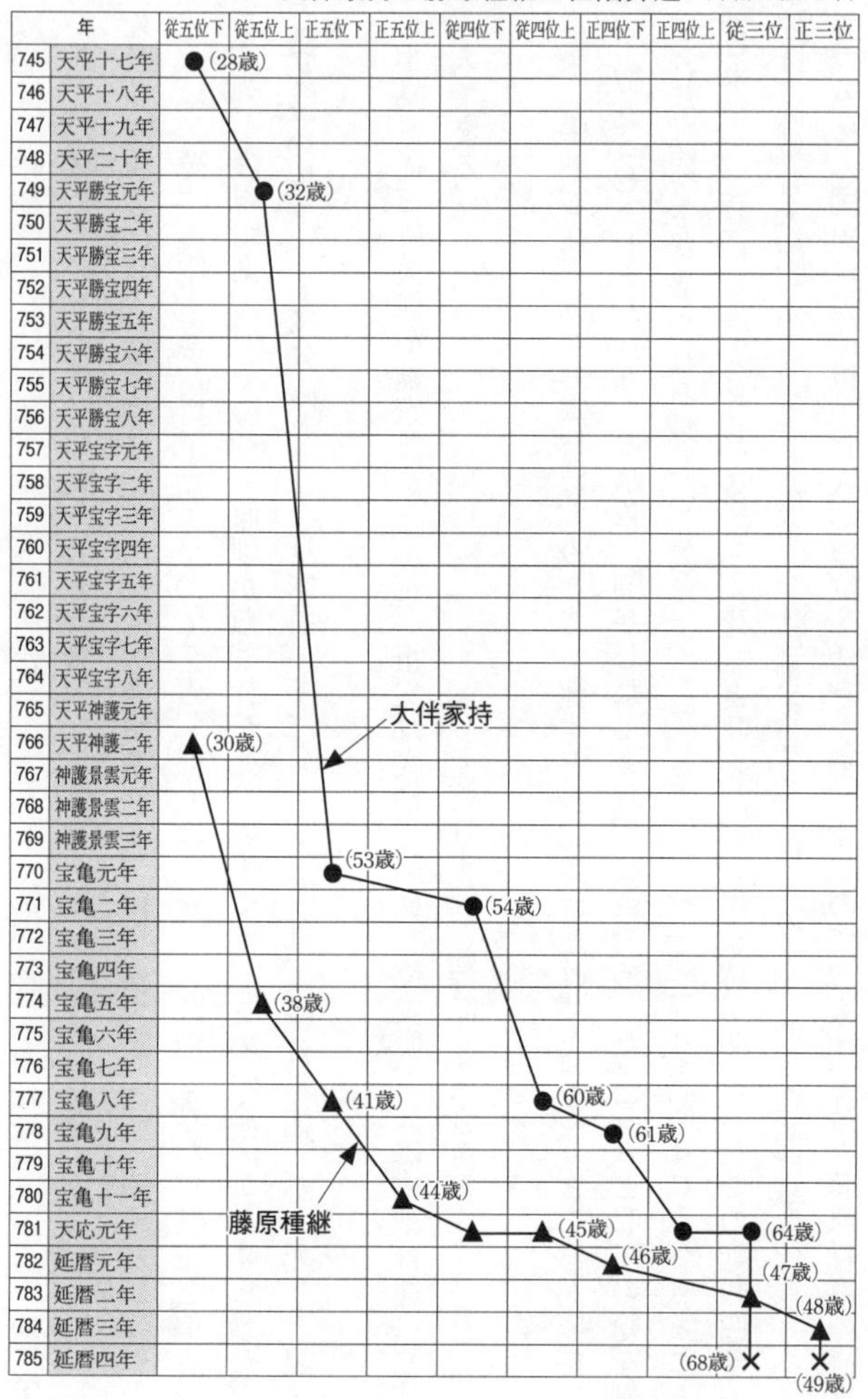

を『続日本紀』から再現することができる。武門の名族である大伴氏出身の家持と天皇側近で藤原氏出身の種継とは、昇進の面で実に対照的である。

大伴家持と藤原種継では一九歳の年齢差があり、貴族としての出発にあたる従五位下に任じられたのは、家持が二八歳の七四五年、種継が三〇歳の七六六年と、経歴の上で大差はなかった。

ところが従三位になるのは、家持が六四歳の七八一年、種継が四七歳の七八三年とその差を縮め、暗殺事件前年の延暦三年（七八四）一二月には正三位（しょうさんみ）に任じられた種継が家持の上に立つ。家持は越中守（えっちゅうのかみ）をはじめとして地方への赴任が多かったのに比べ、種継は在京のまま勤められる官職ばかりで、平城京（へいじょうきょう）を離れなかったことも特徴である。

このように官人たちの個性・足跡を辿ることができるのは、官人の昇叙について記載し続けたからである。毎年正月には定例の叙位・任官が行われ、それにともなう人事異動は六国史の記事の多くを占めている。

目を引く事件、変事の記述

わざわざ文献として残されるような出来事とは何か。これは現在の報道を例に考えてみればいい。多くは非日常の事柄、普段とは違う事件である。史書もそうである。目を引くような事件、歴史の流れを変えるような変事こそ、記録して後世に伝える価値のある情報なのである。

反対に支障なく進行する政務・儀式などは、国家がまとめる六国史が記載すべき対象からも外された。『続日本紀』完成時の提出文書をみると、「時節に従って行われる恒例の行事は、各役所に資料が残っているから採録しない」、「以前にまとめられた曹案〔史書の原稿〕は米塩が多いため、再改訂を命じた」などと書かれている。

古代の人びとにとって当たり前であった「米塩」（日用必要な米と塩、また細かく煩わしいことも喩えた）は、「鑑戒」（後代の拠りどころとなる戒め）をめざした史書の世界では対象とされなかった。古代の生活史を再現するためには、木簡のような日々の断片に期待が寄せられるゆえんである。そもそも史書と木簡では、史料としての対象が違うことを、理解しておこう。

史書が記載する非日常の出来事の代表に天文記事がある。彗星の出現を例にいくつか紹介したい。

　壬申（二三日）、彗星が西北の空に出現した。長さは一丈余りであった。

（『日本書紀』天武天皇一三年〈六八四〉七月壬申）

ここにあげた彗星は、約七六年の周期で地球に回帰するハレー彗星である。近年、現れたのは一九八六年、次回の出現は二〇六一年である。

ハレーほどの大彗星になれば、それこそ有史以来の記録に残っていて、日本となると右に掲げた『日本書紀』天武天皇一三年七月壬申、太陽暦に換算して西暦六八四年九月七日の出現が最初の記録になる。「長さは一丈余り」とあり、天空に長い尾を引く文字通りの帚星(ほうきぼし)(comet)であった。天武天皇四年には「占星台(せんせいだい)」(天文観測の施設)が設置されたとあるので、実際に飛鳥で観測した記録に基づくとみてよいのだろう。

これ以後、七六〇年(天平宝字(ほうじ)四年)、八三七年(承和(じょうわ)四年)が六国史の網羅する年代でのハレー彗星出現年である。残念ながら『続日本紀』にあたる七六〇年の記録はなく、次は平安時代になる。

> 丁卯(ひのとう)(四日)、彗星東南の空に現れた。その光の尾は東に流れ、天の涯(はて)まで延びていた。
> 壬申(九日)、彗星はなお現れた。ただし月光のためにその光の尾を奪われ、微少になっていた。
> (『続日本後紀』承和四年〈八三七〉三月丁卯・壬申条)

『続日本後紀』は京都（平安京）での観測記録になる。東南の空に出現したハレーは、その尾が東の空の端まで届いていたという。五日後は月の光によって彗星の姿が微かであったなど、観測ならではの記録といえる。

これら目を引く天体の出現はまさに災害異変であり、なるほど史書に記録すべき非日常の出来事であろう。ただし、今日のように科学知識が普及しない時代のこと、天文現象は地上の事象と対応し、天が示した意思と受け止められた。空に尾を引く彗星は、「古いものを除いて、新しいものを行き渡らせる」と解釈され、兵乱や大水の兆しであった（『晋書』天文志）。統治者たるもの、天の意思を正確に読み解き、非があるのなら、顧みて徳ある政治に努めなければならない。だからこそ天文現象を含む非日常の出来事——よい兆しや悪い知らせは陰陽寮が観測し把握に努めた。異変があれば季節ごとに封印して中務省に送り、その内容は国史に掲載するのが養老令の規定である。養老令とほぼ同様の規定は、さかのぼって唐令（唐代の令）に由来する。

日本や唐では、なぜこれほど天文（占星術）や暦法（数理天文学）を大事とみたのか。東洋では、君主は天より命を与えられた統治者だからである。陰陽は天が統治者に示した兆しである。暦数は天の動きを読み取る技術である。気象・天文を観測し（観象）、民に暦日を授けること（授時）は、君主のみが行使する特権なのであった。

そもそも「歴史」という語そのものが、歴（暦）と史（記録者）から成り立っている。君主の挙動を記録に残し、事績を後代に伝えるのであれば、天文異変や災害異常は非日常の出来事であるとともに、統治者の徳を測定する指標でもあるのだ。これは必ず歴史書に記さなければならない。六国史のなかには、この種の記事がふんだんにある。それは「天子」を称する日本の天皇にとって、決して無視できない事象であったからだ。

ここまで六国史を読むにあたって、基本となる事柄を述べてきた。以上を踏まえ、いよいよ六国史個々の世界へ進むことにしよう。最初は、時代を超えて読み継がれてきた日本第一の古典『日本書紀』である。

第1章

日本最初の歴史書

――『日本書紀』

1 全三〇巻の構成と記述――神代から四一代持統天皇まで

神代から武烈天皇まで

養老四年(七二〇)五月、編纂が行われていた歴史書が舎人親王(六七六―七三五)によって天皇に提出された。『日本書紀』の完成である。『日本書紀』は国書(日本で作られた書物)のなかで、古代に関心を持つあらゆる人びとによって最も尊重されてきた文献である。その構成は全三〇巻、天と地が初めてできたときより四一代持統天皇までを収録し、当初は系図一巻が付属していた。

巻構成の1-1をみながら、『日本書紀』の内容について大略を述べておこう。

巻第一・第二は神代の上・下で、神話の世界である。天と地が開け、天照大神を始祖とする日の神の末裔が、地上に降臨して国土を統治するまでを語る。皇室が国土を統治する起源を説いていた。

神代上・下巻の構成は、中心的な物語が一一あり、これは「正伝」と呼ばれる。それぞれの「正伝」に対し異なった物語も取りあげられ、「一書」として掲載されている。「一書」は「正伝」と区別して分註(細字で二行に分かれている)で書かれている。したがって神代巻の

1－1 『日本書紀』全30巻の構成

巻	天皇代
第1	神代上
第2	神代下
第3	神武（神日本磐余彦天皇）
第4	綏靖（神渟名川耳天皇）～開化（稚日本根子彦大日日天皇）
第5	崇神（御間城入彦五十瓊殖天皇）
第6	垂仁（活目入彦五十狭茅天皇）
第7	景行（大足彦忍代別天皇）・成務（稚足彦天皇）
第8	仲哀（足仲彦天皇）
第9	神功皇后（気長足姫尊）
第10	応神（誉田天皇）
第11	仁徳（大鷦鷯天皇）
第12	履中（去来穂別天皇）・反正（瑞歯別天皇）
第13	允恭（雄朝津間稚子宿禰天皇）・安康（穴穂天皇）
第14	雄略（大泊瀬幼武天皇）
第15	清寧（白髪武広国押稚日本根子天皇）・顕宗（弘計天皇）・仁賢（億計天皇）
第16	武烈（小泊瀬稚鷦鷯天皇）
第17	継体（男大迹天皇）
第18	安閑（広国押武金日天皇）・宣化（武小広国押盾天皇）
第19	欽明（天国排開広庭天皇）
第20	敏達（渟中倉太珠敷天皇）
第21	用明（橘豊日天皇）・崇峻（泊瀬部天皇）
第22	推古（豊御食炊屋姫天皇）
第23	舒明（息長足日広額天皇）
第24	皇極（天豊財重日足姫天皇）
第25	孝徳（天万豊日天皇）
第26	斉明（天豊財重日足姫天皇）
第27	天智（天命開別天皇）
第28	天武上（天渟中原瀛眞人天皇　上）＊壬申紀
第29	天武下（天渟中原瀛眞人天皇　下）
第30	持統（高天原広野姫天皇）

全体像は相当に複雑で、統一した理解はなかなか難しい。また神話の世界であるため、年代の記述はない。

年代の表示は巻第三の神武天皇から始まる。そのため巻第三以降は巻第一・第二と区別して「人皇紀」などと呼ばれた。『日本書紀』が歴史書らしくなるのは、この巻第三以降である。日向にいたイワレヒコが転戦を重ねて東へ遷り、大和の橿原宮で初代天皇として即位する。広く知られた東征伝承である。

神武天皇を継承する二代から九代の天皇は巻第四にまとめられ、実名、続柄、后妃、子女、宮の場所、崩御した年齢、陵といった基礎情報だけ連ねられている。そのために「欠史八代」と呼ばれてきた。つまり実在が疑問視された八代という意味である。

再び天皇の事績が語られるのは巻第五崇神紀、つまり一〇代崇神天皇の巻からである。一一代の垂仁天皇の巻とともに、祭祀に関する伝承が多く、大物主神の祭祀、伊勢神宮の鎮座、石上神宮の神宝など、神社の記事が目につく。古代の出雲を考えるとき、出雲の神宝が朝廷に献上された記事も見逃せない。中央（倭王権）が地方の祭祀を接収する際のひとつの典型となっている。

これら祭祀による国内統合を経て、巻第七景行紀では、日本武尊による列島東西の征討と景行天皇の行幸が描かれる。『日本書紀』のヤマトタケルは『古事記』のような苦悩する英雄ではない。天皇の命を奉じ、服従しない勢力と戦う皇族将軍である。

列島辺域を平定後、朝鮮半島への進出が記される。巻第八仲哀紀・第九神功紀で、仲哀天皇の挫折と神功皇后の戦勝が描かれる。巻第九神功紀は、日本と朝鮮半島との交渉由来を表現した面があり、『魏志』などの中国史書を引用した点でも異色の巻である。

以後、巻第一〇応神紀の応神天皇より巻第一四雄略紀の雄略天皇までは、兄弟での皇位をめぐる闘争がある。

この間の天皇（大王）は、中国の南朝に使節を派遣した倭の五王に相応するとされ、五世紀の倭王と歴代天皇との対応をめぐって議論が重ねられてきた。南朝に遣使した最後の倭王「武」は、『日本書紀』の「大泊瀬幼武天皇」（雄略）とみることが定説となっている。一九七八年に解明された埼玉県稲荷山古墳出土の鉄剣銘文に「獲加多支鹵大王」とあることで裏付けられた。

巻第一五清寧紀・顕宗紀・仁賢紀、第一六武烈紀は、武烈天皇で男系が絶えるまでを扱う。『日本書紀』の伝えるところでは、雄略天皇の後継をめぐって混乱が深まる。巻第一六武烈紀は、漢籍から借用した表現でむごたらしく人を虐げた天皇を描き、皇統が断絶することを印象付けている。

継体天皇から斉明天皇まで

巻第一七継体紀は、越前から迎えられて皇位を継いだ継体天皇の紀である。もし『日本書紀』の内容を前半と後半に分けるならば、応神天皇の五世孫というオホド（継体）の即位で区切るのが妥当だろう。近江に生まれ越前を基盤としたという特異な出自、継体天皇陵の可能性が高い今城塚古墳（大阪府高槻市）の存在などから、継体は古代史研究に多くの題材を提供している。

この継体の「嫡子」として腹違いの兄から皇位を継承したのが欽明天皇である。巻第一九欽明紀は、朝鮮半島での戦役や百済からの仏教伝来を伝えて国際色に富む。飛鳥の地で大きな存在感を示した古代豪族蘇我氏の活躍も、巻第一九欽明紀から顕著になっている。

欽明天皇は六世紀大王家の直接の祖とみなされ、皇位はその子の世代で継承された。崇峻天皇が殺害される非常事態を経て即位したのは、最初の女性天皇である推古天皇である。その治世を伝えるのが巻第二二推古紀で、飛鳥地域に都を置き、厩戸皇子（聖徳太子）、蘇我馬子の輔佐を得て政体の改革が行われた。冠位による官人序列の導入（冠位十二階）、服務規程の制定（十七条憲法）は、よく知られるところである。大陸で統一王朝の隋が出現したのに対応し、政体の「文明化」が図られたということであろう。遣隋使の派遣は、『日本書紀』『隋書』の双方に記されている。

巻第二三舒明紀は、推古から皇位を継承した舒明天皇の巻である。舒明は蘇我氏との通婚がない王族で、やがて天智・天武両天皇の父として、奈良時代の天皇につながる位置を占める。舒明天皇が六三九年に造営した「大寺」は、一九九七年からの発掘調査により奈良県桜井市の吉備池廃寺であることが確定している。七世紀に入れば、『日本書紀』の記述は考古学の発掘成果に照らして内容を検証できる段階に入る。

巻第二四皇極紀では、舒明の后であったタカラノヒメミコが皇極天皇として皇位についた時代を描く。この巻は六四五年の蘇我入鹿の殺害が劇的に描かれる。いわゆる乙巳の変である。蘇我氏の主流は国政から排除されたのであり、排除した側によって新政が進められた。巻第二五孝徳紀は、海に開かれた難波に都を遷し、官制や租税など国政上の重要な改革が行われたことを記す。いわゆる「大化改新」である。

戦後歴史学は、『日本書紀』が描く改新像に疑いの目を向けてきた。だが近年の都城の発掘や七世紀木簡の調査は、むしろ『日本書紀』の記述の確かさを証明している。特に難波宮の調査で出土する木簡は、大化改新や『日本書紀』そのものを検証するうえで目が離せない。

七世紀に国政の改革が必要であったのは、緊迫する東アジアの情勢にひとつの要因がある。道半ばで孝徳が崩じると、皇極天皇が再び即位し（重祚）、斉明天皇として百済の救援に乗り出す。巻第二六斉明紀は、外征に比重があるので、外交関係の記述が多い。しかし百済復興の企(くわだ)ては成功せず、六六三年の白村江(はくそんこう)の戦いで唐・新羅(しらぎ)に敗北する。

敗戦の危機のなか、母の後を継いだ天智(てんじ)天皇は、都を近江に遷(うつ)して国政の建て直しを図る。近江の朝廷で初めて律令(りつりょう)(国家の基本法典)が定められたとするのが、『日本書紀』の歴史観である。ただ巻第二七天智紀は同じ記事が二度あるなど問題がある。これは天智が崩じた後の戦乱と関係があるのだろう。

天智天皇から持統天皇まで

戦乱とは、六七二年の壬申(じんしん)の乱である。『日本書紀』は巻第二八天武(てんむ)紀上で大友(おおとも)皇子と大海人(おおあま)皇子(天武天皇)の間で戦われた内乱を記述し、大海人皇子の勝利までを描く。奈良時代にあっては、壬申の乱と天武天皇こそが、いまに続く時代の「原点」とみなされていた。内乱に勝利した天武の治世は、巻第二九天武紀下で叙述される。この頃になれば、『日本書紀』は政府の記録を利用したとみられ、記事の信頼性は一層高まる。

そして『日本書紀』の最後を飾るのが、天武の崩御を受けて即位した皇后ウノノサララノヒメミコ、すなわち持統(じとう)天皇の紀である。巻第三〇持統紀は、歴史記録として信頼性が高いことは巻第二九天武紀下と同様であるが、表記の面では「皇子大津(おおつ)」「皇女山辺(やまべ)」など、中国の『後漢書』のように身位を先に出し諱(いみな)を後にするといった独特な特徴がある。音韻(おんいん)から

『日本書紀』の表記を二つの群に判別する研究でも、巻第三〇持統紀は『日本書紀』編纂の最終段階で執筆されたと仮定されている（森博達『日本書紀の謎を解く』）。

以上が『日本書紀』の内容概観である。天皇にして四一代、内容は多岐にわたり分量も多い。『日本書紀』は神話・伝承を含んで物事の起源を明らかにする面と、六世紀以来の歴史記録の面が同居している。

八項目の材料——帝紀から政府の記録まで

『日本書紀』に限らず六国史は編纂された文献である。編纂とは、いろいろな材料を集めて整理し、ひとつの書物を作り上げることである。では『日本書紀』は何を素材にして編纂されたのか。『日本書紀』を構成する材料の面からみていきたい。

歴史学での六国史研究の基礎を定めた坂本太郎（さかもとたろう）（一九〇一―八七）は、『日本書紀』の材料を八項に整理した。その分類は、おおむね現在でも継承されている。

①帝紀（大王の系譜）
②旧辞（神々や英雄の物語）
③墓記（諸氏族の系譜・歴史）

④風土記（諸国に伝わる伝承）
⑤寺院の縁起（元興寺の縁起など）
⑥個人の手記・日記（『高麗沙門道顕日本世記』『伊吉連博徳書』『難波吉士男人書』）
⑦外国文献（『魏志』『晋起居注』『百済記』『百済新撰』『百済本記』）
⑧政府の記録

八項目の材料のうち、最も重要なのは①帝紀である。帝紀とは、天皇の系譜や継承関係、その治世での重要事項などを記した記録である。

『日本書紀』の各天皇は、巻ごとの冒頭でその天皇についての定型の紹介がある。「即位前紀」と称される部分で、各天皇についての基本情報である。これが帝紀に基づいたものである。初代神武天皇と四一代持統天皇で実例を示しておこう。

神日本磐余彦天皇〔神武天皇〕は、実名を彦火火出見と申しあげた。彦波瀲武鸕鷀草葺不合尊の第四子である。母は玉依姫と申しあげた。海の神の二番目の娘である。神武天皇は生まれつき聡明で、固い意志の持ち主であられた。御年一五で太子となり、成長されてから日向国の吾田邑の吾平津媛を娶って妃とされ、手研耳尊が生まれた。

（『日本書紀』神武天皇即位前紀）

高天原広野姫天皇〔持統天皇〕は、幼いときの名を鸕野讃良皇女と申しあげた。天智天皇の第二女である。母は遠智娘と申しあげた。またの名は美濃津子娘である。持統天皇は落ちついた性格で広い心の持ち主であられた。斉明天皇の三年〔六五七年〕に天武天皇に嫁いで妃となられた。帝王の娘でありながら、礼を重んじ慎ましやかで、母としての徳を備えておられた。天智天皇の元年〔六六二年〕に大津宮〔那大津、福岡市博多区〕で草壁皇子尊をお生みになった。

（『日本書紀』持統天皇即位前紀）

このように、即位前紀では実名や続柄、人となりが述べられている。帝紀はこのようなものだったろう。

帝紀は「日嗣」とも呼ばれた。七世紀の大王の葬送（殯）では、故人を哀悼する誄を読みあげる儀礼があり、そのなかで日嗣が読みあげられた。帝紀（日嗣）はこのような儀礼を通じて整備されていく。

日嗣の読みあげでは、諡号（死後に贈られる故人を讃えた名前）が奉られる。持統天皇でいえば「高天原広野姫天皇」がこれにあたり、大宝三年（七〇三）一二月癸酉（一七日）に捧げられたことが『続日本紀』に記されている。ちなみに「持統」は中国風の諡号である。『日本書紀』の歴代天皇とともに奈良時代後半になって一斉に定められた。

実名とは別に諡号が確認される最初は二七代安閑天皇で、六世紀に最初の帝紀がまとめられたとみるのが定説である。

帝紀は葬送の儀礼で読みあげられるだけでなく、書き記されたものが存在した。聖徳太子の古い伝記『上宮聖徳法王帝説』では「帝記」（帝紀と同じ）を引用し、聖徳太子が寺院を建立したことを説明している。ここからわかるのは、帝紀は系譜だけではなく、かなり具体的な事績までが記され、しかも書き記された書物であったことである。『日本書紀』がまとめられる以前に、文字で記された帝紀が存在していたのである。

『日本書紀』が天皇の年代記である以上、天皇歴代ごとの記述（紀）にとって、帝紀は一番中心となる編纂材料だった。

風土記——地域伝承の採録

次に注目したいのは、④風土記である。

風土記とは、和銅六年（七一三）五月の命令により、各地方の物産や土地の肥沃状態、地名の由来を提出させた報告書である。完全なかたちで残るのは出雲だけで、省略・欠損のある常陸・播磨・豊後・肥前と合わせて五ヵ国分がよく知られる。このほかにも逸文（他の文献で引用された断片）で日本各地の風土記が残る。

風土記は机上で作られた創作ではなく、奈良時代初期の日本各地の状況や伝承についての詳しい記録だ。そして『日本書紀』と風土記には、共通した物語がある。

たとえば風土記を生かしたものとして、巻第一四雄略紀の記事がある。

> 秋七月、丹波国余社郡管川の人である水江浦島子は、舟に乗り釣に出たところ、大亀をとらえた。大亀は化して女になった。浦島子は心ひかれて妻とし、いっしょに海に入り、蓬萊山に到り、仙衆をみてまわった。この物語は別巻に記載がある。
>
> （『日本書紀』雄略天皇二二年七月）

右の雄略紀は浦島伝承を伝える。ただし、一般に知られている浦島伝承とは違い、釣りあげた大亀が女性となって、浦島子が心惹かれて妻とした。「蓬萊山」「仙衆」などの語句は神仙思想が濃厚で、玉手箱も登場しない。

注意すべきは「この物語は別巻に記載がある」との付記である。この「別巻」は惜しいことに現存していないが、『日本書紀』が完成した当時は、宮廷の人びとが目にすることができたものである。すでに浦島伝承は書物として存在していたのである。

同様の伝承は、『丹後国風土記』逸文が詳しい。ここでの話は巻第一四雄略紀の発展型が記されているのだが、「もとの国司であった伊預部馬養連が記したものと食い違いはない」との断わり書きがある。馬養は持統・文武朝に活躍した官人で、彼が筆録した浦島伝承が巻第一四雄略紀がいう「別巻」であろうか。ともあれこの浦島の物語は、丹後国与謝郡（現在の京都府与謝郡伊根町）を舞台とした地域伝承であったことは疑いなく、『日本書紀』と『丹後国風土記』逸文は兄弟関係にある。

『日本書紀』が直接に風土記を参照したのか、証明は難しいが、『日本書紀』が完成する養老四年（七二〇）の段階では、すでに地域伝承の報告が命じられていた。『日本書紀』と風土記の接点は無視できない。中央でまとめられた『日本書紀』には、地域から報告された伝承が取り込まれている。

雄略紀と浦島伝承

それにしても不思議なのは、具体的な地名・年代をもって、浦島伝承が『日本書紀』に記録されたことである。

浦島伝承が記されている雄略天皇の時代は、国内では巨大前方後円墳が築造された時期である。国外東アジアにあっては、中国東北地方・朝鮮半島北部を版図とする高句麗(こうくり)が半島を南下し、四七五年に百済(くだら)の都、漢城（現ソウル）を陥落させていた。当時の日本（倭）は、高句麗に対抗して百済の復興を支援し、中国王朝に使者を派遣して高句麗の無道を訴える外交を展開していた。

浦島伝承の記事がある雄略天皇二二年は西暦の四七八年、『宋書(そうじょ)』夷蛮(いばん)伝の倭国条によれば、倭王武(ぶ)が宋(そう)の皇帝に使者を派遣して上表文を奏上した年にあたる。

そこで前後に目を広げて『日本書紀』を読むと、四七七年は百済が熊津(くまなり)（公州(コンジュ)）で復興したこと、四七九年は倭にいた百済の王子に兵士五〇〇人を付けて故国に送り出したことが記される。巻第一四雄略紀は宋への遣使こそ記していないものの、激動する五世紀後半の東アジア情勢を倭の視点から叙述した歴史記録である。

ところが、そうした歴史記録に混じって、伝承性の高い記事が具体的な年月とともに記されている。率直にいって浦島子の話はどうしても四七八年に書かねばならない事柄とは思えない。『丹後国風土記』逸文がそうであったように、本来は、漠然と雄略天皇の御世のこととして伝えられていたのであろう。

しかし『日本書紀』は、雄略天皇二二年七月の出来事として浦島伝承を記した。『日本書紀』が編纂される段階で、伝承に具体的な年紀が与えられたと考えるべきである。このように年代を表示することに固執するのが『日本書紀』の特徴である。

では歴史書として根幹に関わる年代の表示は、『日本書紀』でどのように設定されているのだろう。

年代を表す二つの暦法

これについては、東京天文台に勤務した天文学者、小川清彦（一八八二―一九五〇）による推定が定説となっている。すなわち『日本書紀』の暦日は、初代神武天皇から二〇代安康天皇までは儀鳳暦、二一代雄略天皇から四一代持統天皇までは元嘉暦によって組まれているというものである。

この小川の提起は、『日本書紀』の暦法を明らかにしただけではなく、『日本書紀』の紀年（基準とする最初の年から年数を数えること）と編纂の問題に直接に切り込むものであった。

1－2をみながら補足しよう。元嘉暦とは、何承天が作った暦法で、四四五年から五〇九年まで中国の南朝で用いられた。百済もまたこの暦法を使用している。南朝・百済の文化圏にあった五世紀の倭国も、暦法を使用したのであれば元嘉暦に拠ったはずである。

これに対して儀鳳暦とは、李淳風が作り、六六五～七二八年にかけて唐で用いられた麟徳暦とみられる。日本には唐の儀鳳年間（六七六～六七九）に伝わったと考えられている。

1-2 『日本書紀』が依拠した2つの暦法

	元嘉暦	儀鳳暦（麟徳暦）
中国での使用時期	445～509	665～728
日本での使用時期	？～697	690～763
『日本書紀』の拠った暦法	雄略天皇元年（457）～持統天皇11年（697）	神武天皇元年（紀元前660）～安康天皇3年（456）

この時期は遣唐使が派遣されていないので、天武天皇五年（六七六）に来朝した新羅使などを介してもたらされたのであろう。天武天皇一〇年（六八一）三月に歴史書の編纂が命じられる直前にあたる。

『日本書紀』によると、持統天皇四年（六九〇）一一月に「始めて元嘉暦と儀鳳暦とを行う」との記事があり、このときから二つの暦法が併用された。併用が解消され儀鳳暦一本に置き換わるのは、文武天皇が即位した六九七年八月からである。これは『日本書紀』の最後の記事と『続日本紀』の最初の年紀がある記事を対照すればはっきりする。

八月乙丑朔（きのとうしさく）、天皇〔持統天皇〕は禁中で策を定め、天皇の位を皇太子〔文武天皇〕に譲られた。

（『日本書紀』持統天皇一一年）

八月甲子（きのえね）朔、〔文武天皇は〕譲りを受けて天皇の位につかれた。

（『続日本紀』文武天皇元年）

ふたつの記事は西暦六九七年の持統天皇から文武天皇への皇位継承を記したものである。八月朔（一日）の干支が、前者は乙丑（干支の二番目）、後者は甲子（干支の一番目）でひとつ違う。前者『日本書紀』は元嘉暦、後者『続日本紀』は儀鳳暦による日の干支だからである。元嘉暦は旧く、儀鳳暦は新しい。ところが表に整理したように、『日本書紀』の暦法は逆転している。小川清彦はこの矛盾を指摘したのだ。

『日本書紀』の安康天皇以前の暦法は七世紀にもたらされた儀鳳暦に拠っている。この事実は、巻第三神武紀から巻第一三安康紀の紀年が七世紀以後に設定されたと考えるほかない。歴史事件について記録があったかもしれないが、それを編年に組むときには、八世紀当時に行われていた最新の暦法に従ったのである。

2　伝承と記録のあいだ

天皇長寿の原因——年紀へのこだわり

時代をさかのぼるほどに、歴史事象が「いつ」起きたのかは明瞭でなくなる。某々天皇

1-3 『日本書紀』にみる古代天皇の在位年と年齢（初代～21代まで）

歴　代	在位年数	没年齢
1 神武	76年	127歳
2 綏靖	33年	84歳
3 安寧	38年	57歳
4 懿徳	34年	記載なし
5 孝昭	83年	記載なし
6 孝安	102年	記載なし
7 孝霊	76年	記載なし
8 孝元	57年	記載なし
9 開化	60年	記載なし
10 崇神	68年	120歳
11 垂仁	99年	140歳
12 景行	60年	106歳
13 成務	60年	107歳
14 仲哀	9年	（分註では52歳）
神功皇后	69年（摂政）	（分註では100歳）
15 応神	41年	110歳
16 仁徳	87年	記載なし
17 履中	6年	（分註では70歳）
18 反正	6年	記載なし
19 允恭	42年	若干
20 安康	3年	記載なし
21 雄略	23年	記載なし

の御代とあるのが伝承の原型であろう。ところが『日本書紀』は日本最初の公式の史書として、あくまで年紀を立てることにこだわった。

そこで初代神武天皇の即位であれば、辛酉（かのととり）の年の春正月庚辰（かのえたつ）朔として記載する。古代中国の思想に従い、大変革（革命（かくめい））が起きるとされた辛酉年、それも推古天皇九年の辛酉（六〇一）から一二六〇年さかのぼった紀元前六六〇年の正月一日に初代天皇が即位したと設定したのである。

このような紀年操作の結果、『日本書紀』の紀年そのものも延長されることになる。歴代天皇の在位年数・年齢が異様なまでに長寿であるのは、紀年の延長に理由がある。

また初代神武天皇から一三代成務天皇までは親子直系継承なので、続柄や血縁の有無について疑問を抱く研究者は多い。ただ伝わっていた歴代に手を加えて増補するような作為はしなかったのであろう。そのため代数ではなく治世を水増しせざるを得ず、歴代天皇の長すぎる治世・寿命が並ぶ事態になったと解釈できる。素材史料を改変しない立場と、史書としてどうしても紀年を設定したい立場のせめぎあいのなかで生じた矛盾である。

延長した紀年は、やがてどこかで実年代に合わせなければならない。幸いなことに五世紀代については、『日本書紀』の記事とまったく別系統の史料（五世紀の同時代史料、中国史書、朝鮮史書）とを比べることで、相互の記事を検証することができる。

百済記には次のようにある。「阿華王が即位して貴国〔倭〕への礼を欠いた。そこで我が国の枕弥多礼・峴南・支侵・谷那の東韓の地が奪われた。そのため王子直支を天朝〔倭〕に遣わし、先王からの親しい交わりを修めさせた」。

（『日本書紀』応神天皇八年三月）

王〔百済の阿莘王〕は倭国と親しい交わりを結び、太子である腆支を身代わりとして遣わした。

（『三国史記』百済本紀　阿莘王六年）

〔広開土王の永楽〕九年己亥、百残〔百済〕は先の誓約にそむいて、倭と通じた。そこで太王〔広開土王〕は平穣〔平壌〕に巡り下った。

（中国吉林省の高句麗広開土王碑）

ここに挙げた三つの史料は、百済が高句麗と同盟する誓約を破棄し、倭と関係を深めたことを述べる。『日本書紀』と一二世紀に成立した朝鮮の官撰史書である『三国史記』は、人名の表記（阿華と阿莘、直支と腆支）を除いてほぼ同じ内容である。けれども応神天皇八年（二七七）と阿莘王六年（三九七）では年代が合わない。

これは『日本書紀』の側に問題がある。神武天皇の即位を古く設定したため『日本書紀』の紀年が延長され、百済の太子が派遣された記事は年代を一二〇年さかのぼらせているのだ。ちなみに高句麗の広開土王（在位三九一―四一二）の業績を讃えるため四一四年に立てられた広開土王碑には、倭と百済の同盟成立を受け、永楽九年（三九九）に広開土王が平壌へ南下したことが記されている。三九七年に倭と百済が同盟を結んだことは事実である。

『日本書紀』の紀年延長が解消され、実年代と合ってくるのは雄略朝の末年、つまり五世紀後半である。歴史資料として『日本書紀』の真価が発揮されるのは、ひとつには巻第一四雄略紀以降とみるべきであろう。

神功皇后紀――伝説と史実の接点

『日本書紀』の記述で戦後疑問視される代表例は、神功皇后は実在したかである。この謎を解くには、まず『日本書紀』巻第九神功皇后紀の記述について、歴史的事実がどれほど含まれているのかを検証しなければならない。

議論の的は神功皇后を「倭の女王」に当てはめた条文である。

三九年、是年（このとし）、太歳己未（たいさいつちのとひつじ）。魏志には次のようにある。「明帝の景初三年〔二三九〕六月、倭の女王は大夫難斗米らを派遣し、郡〔帯方郡〕にいたり、魏の天子にお目通りして貢ぎ物を献上することを求めた。そこで太守の鄧夏は、官吏を派遣して連れ立ち、京都に伺候させた」。（『日本書紀』神功皇后三九年）

六六年。是の年は晋の武帝の泰初二年〔二六六〕である。晋起居注には次のようにある。「武帝の泰初二年一〇月、倭の女王が、通訳を重ねて貢ぎ物を献上した」。（同　神功皇后六六年）

巻第九神功皇后紀のこの二条をよく見てみれば、記事は「三九年、是年、太歳己未」「六六年」だけで本文がなく、二行の割り書き（分註）で三世紀の中国についての歴史書『魏志』（『三国志』魏書東夷伝、いわゆる魏志倭人伝）や西晋の皇帝の言動を記録した起居注（『晋泰始起居注』）を引用している。

割り書きは本文を補足するための注釈である。だが記事本文がない。このことをどのように解すればよいのだろうか。

ひとつの解釈は、そもそも奈良時代にまとめられた『日本書紀』には神功皇后三九年、六六年の記述がなく、これらの条文はのちの時代になって紛れ込んだとみるものである。しかし中世に写された『日本書紀』の写本である北野本（北野天満宮蔵）・熱田本（熱田神宮蔵）などには、すでに『魏志』や『晋起居注』が記されている。

本文がなく割り書きだけがある異質なこの条文は、『日本書紀』が完成した当時からの条文である可能性がきわめて高い。異質な記述は、分註によって中国史書との対応関係を表示したと考えられる。巻第九神功皇后紀を三世紀にあてはめるのが『日本書紀』の主張なのである。

他にも巻第九神功皇后が歴史記録を取り込んで構成されている例がある。神功皇后五年に朝鮮半島に派遣された将軍の葛城襲津彦が連れ帰った桑原・佐糜・高宮・忍海の工人は、七世紀後半の工房跡である飛鳥池遺跡（奈良県明日香村）より出土した木簡にみえる渡来系工人の「佐備（さび）」と対応する。神功皇后五二年に百済王が献じた七枝刀（ななさやのたち）は、石上神宮（いそのかみ）（奈良県天理市）に伝わる七支刀（しちしとう）であることが確実である。

七枝刀の記事がある神功皇后五二年は『日本書紀』の紀年で西暦二五二年と設定されているが、七支刀を贈った百済の「肖古王（しょうこ）」は近肖古王（きんしょうこ）（在位三四六―三七五）にあたり、七枝刀銘文の「泰□四年」は東晋の太和（たいわ）四年（三六九）である。

巻第九神功皇后紀に利用された歴史記録は四世紀の出来事を伝えたことになる。ここでも『日本書紀』の紀年が一〇〇年以上（おそらくは干支二巡分の一二〇年）延長されていることがわかる。

神功皇后と伝承の場

古代の人びとは神功皇后の実在自体を疑うことがなかったであろう。風土記などの地方の伝承にも、皇后が描かれているからだ。

『日本書紀』には、朝鮮半島に出兵し新羅を討つ、いわゆる三韓征伐に臨み、前線の筑紫（ちくし）に入った神功皇后の足跡が記されている。巻第九神功紀の新羅征討は、熊襲（くまそ）の平定に赴いた仲哀（ちゅうあい）天皇が神意に従わずに崩御し、代わって神功皇后が神意を奉じて朝鮮半島へと進出するあらすじである。風土記はそれを敷衍（ふえん）するかたちで、地域が捉えた神功皇后伝承を伝えている。

諸国に命令して、船舶を集め兵士の訓練をさせた。しかしこのときは兵士を集めることが困難であった。皇后は「きっと神の御心によるのであろう」とおっしゃった。そこで大三輪社を立てて刀・矛を奉ったところ、兵士は自ずと集まってきた。

（『日本書紀』神功皇后摂政前紀）

『筑前風土記』には次のようにある。「気長足姫尊〔神功皇后〕は新羅を伐とうとして、兵士を整えられた。しかし軍事行動を起こそうとしたとき、兵士が道中で逃げてしまった。占いで理由を求めたところ、祟る神が原因であり、その名を大三輪の神といった。よって、この神社を立て、とうとう新羅を平定された」。

（『釈日本紀』巻第一一 述義七「立大三輪社以奉刀矛」）

前者の巻第九神功皇后紀の記事では、神功皇后は大和の三輪山に祀られている「大三輪」の神を祭り、兵を集めることに成功する。

後者は『筑前国風土記』からの一部引用であり、巻第九神功皇后紀と対応して筑紫の大三輪社の鎮座由来を語っている。ちなみに「大三輪社」は、平安期の『延喜式』では筑前国夜須郡にある「於保奈牟智神社」である。そもそも郡名「夜須」は神功皇后が「我が心則ち安し」と漏らしたのが地名起源である。

大宰府跡から出土した八世紀の荷札木簡に「夜須郡苫壱張」「調長大神マ道祖」と記されたものがある。ここから奈良時代の夜須郡には「大神マ(部)」なる部姓を有した氏族のいたことが確かめられる。『日本書紀』に記される神社は奈良時代には存在し、祭祀に奉仕する集団がいた。このような神社が伝承の場となって、神功皇后の説話は歴史として伝えられている。

神功皇后伝承は対外関係と結びついていたために、地方の伝承にとどまらない性格を持っている。巻第九神功紀以外で神功皇后が『日本書紀』に登場するのは、仲哀天皇の皇后に立てられること、応神天皇の母として紹介されることを除くと、任那の四県を百済に割譲したくだり（継体天皇六年一二月）、任那が滅んだため新羅を非難したくだり（欽明天皇二三年六月）だけである。倭国が朝鮮半島、特に任那と呼ばれる地域に対し、権益を持つことの起源を語った文脈での登場である。

奈良時代には新羅との関係で摩擦が多く、天平九年（七三七）四月、新羅が礼儀を欠いていることを告げるために伊勢神宮、大神社、筑紫の住吉・八幡社と香椎宮に進物が奉られた。神功皇后が「大三輪の神」の加護を願ったように、奈良の朝廷は「大神社」や住吉・八幡など神功皇后を祀る神社に加護を祈念している。このように神功皇后の伝承は繰り返し顧みられた。これは言うまでもなく『日本書紀』での記述があったからである。

戦後の歴史学では、神功皇后の実在性を疑う意見が根強い。六世紀以降の女帝の存在を反映させたとみる意見である。三韓征伐をはじめ、神功皇后の伝承が後世の影響を受けていることは確かである。また神功皇后の記事には、歴代大王の系譜情報、対外交渉の起源伝承、

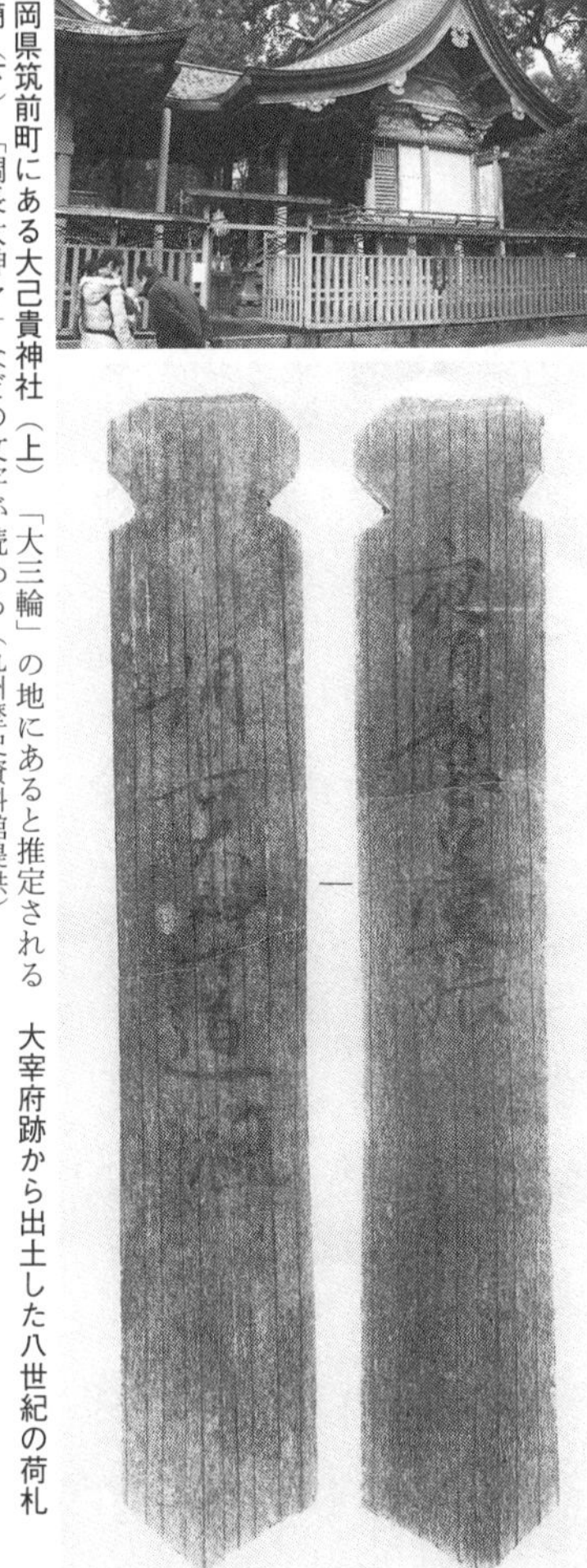

福岡県筑前町にある大己貴神社（上）「大三輪」の地にあると推定される　大宰府跡から出土した八世紀の荷札木簡（下）「調長大神マ」などの文字が読める（九州歴史資料館提供）

八幡信仰や住吉社の鎮座伝承といった要素が複合している。

しかしこれらの伝承がすべて後代に創作されたものであり、歴史的事実ではないと否定し切れるのか。筆者はためらいながらも、皇室系譜のうえで神功皇后が存在したことまでは、認めてよいのではないかと考えている。

壬申紀――紀年がつくる正統

『日本書紀』と史実の関係をみるとき、試金石になる問題がある。大友皇子と大海人皇子が皇位を争った六七二年の壬申の乱である。『日本書紀』では、後半で最も興味をそそる場面として巻第二八天武紀上が壬申の乱を主題とした。この巻は「壬申紀」とも呼ばれる。

そもそも戦後歴史学では、『日本書紀』が描く古代の歴史は故意に事実を隠したり、曲げたりしているとの誹りが加えられてきた。何より神話については、歴史教育との関連で多くの批判があった。『日本書紀』の神話が天皇による統治の起源を説明することは明白だからである。

他方で『日本書紀』は、撰者自身が判断を下せないことについて「後に考える者が明らかにするだろう」（継体天皇二五年一二月条の分註）と、後代に判断を委ねる謙虚さも持っている。巻第一神代上・巻第二神代下では、正統となる一つの神話を確立せずに、「一書」を設けて複数の神話を取り入れたのも、複数の伝承を尊重する姿勢である。

そのような『日本書紀』にあって、壬申の乱だけは、公的な立場に縛られている。『日本書紀』がまとめられた奈良時代の天皇は天武天皇の子孫である。壬申の乱で功績を挙げた官人は「功臣」として贈位や封戸(ふこ)の対象となった。壬申の乱は奈良時代の人びとにとって「現代」の出発点だった。

このことをよく表すのは、天武天皇の治世をいつから数えるか、という問題である。

六七二年壬申の六月、大海人皇子は吉野(よしの)で決起し、近江大津宮の大友皇子との戦端を開いた。およそ一ヵ月にわたる戦闘は大海人皇子の勝利に帰し、敗北した大友皇子は自害する。七月、飛鳥に入った大海人皇子は、翌六七三年二月に即位して天武天皇となった。『日本書紀』は即位からは巻を改め、巻第二九天武紀下となる。ただ『日本書紀』は即位に先立ち、六七二年壬申を天武天皇元年として数え始めるので、巻第二九は天武天皇二年で始まる。『日本書紀』では、皇位は天智天皇から弟の天武天皇へと継承されたとの立場を堅持し、大友皇子の即位は認めていない。また皇位の空白も是としないために、六七一年一二月に天智天皇が崩じると、翌年は天武天皇の元年とした。

公式化する『日本書紀』の紀年

ところが『日本書紀』が完成する直前までは、別の紀年が存在した。それが薬師寺東塔の檫（仏塔の頂部にある相輪の一部分で、心柱を包む金属製の管）に刻まれた銘文である。

奈良西ノ京の薬師寺は、六八〇年に天武天皇が皇后（のちの持統天皇）の病が治ることを願って藤原京で創建した寺院である。都が平城京に移ると、新たに西ノ京に薬師寺が造営され、東塔の檫に薬師寺創建の来歴が刻まれた。

> 清御原宮で天下を治められた天皇の即位第八年の庚辰の年の一一月、中宮〔のちの持統天皇〕がご病気になられたので、この伽藍を創建なさった。
> （薬師寺東塔檫銘）

薬師寺は創建の来歴を重視し、七一〇年の平城遷都から間もない頃、地上三〇メートル以上の高さにある相輪の一部に、天武天皇が創建したことを刻んだのである。

薬師寺の創建は『日本書紀』にも記事がある。

> 皇后〔のちの持統天皇〕がご病気になられた。そこで皇后のために誓願をして、薬師寺の建立を始められた。よって僧一〇〇人を得度させたところ、病気は平安を得た。

（『日本書紀』天武天皇九年一一月）

薬師寺東塔檫銘と『日本書紀』で異なるのは年紀である。病になった皇后のために薬師寺造営が発願された庚辰の年は西暦六八〇年、これを薬師寺東塔檫銘は天武天皇八年とするのに対して『日本書紀』では天武天皇九年とする。

一年の違いは天武天皇元年を六七三年から数える薬師寺東塔檫銘と、六七二年から数える『日本書紀』の違いである。薬師寺東塔檫銘の数え方では、天智天皇の崩御から天武天皇の即位までに空白の一年（六七二年）が生じる。

『日本書紀』とは別系統で、しかも編纂物ではない薬師寺東塔檫銘が残る以上、天武天皇元年を六七二年とする『日本書紀』の紀年は絶対ではない。編纂の過程で撰者たちが新たに設定したのである。

ちなみに天武朝の役所とみられる石神遺跡（奈良県明日香村）からは、七世紀の荷札木簡が出土していて、荷札は「乙丑年十二月三野国ム下評」（天智天皇四年〈六六五〉／岐阜県の旧武儀郡）・「乙亥□十月立記知利布五十戸」（天武天皇四年〈六七五〉／愛知県知立市）のように、年は干支によって表示している。あらためていうまでもなく、石神遺跡の木簡は七世紀の一次史料である。天皇の統治年によって年を数えることは、あくまで史書の紀年のうえなのである。

現代に伝わる『日本書紀』全三〇巻には、巻第二八・二九の天武紀上下、巻第三〇持統紀があるが、そもそも天武天皇一〇年三月に歴史書の編纂が命じられたとき、天武朝も含めて史書の範囲として構想していたのであろうか。編纂事業が延びたために編纂の対象が拡張し、結果として神代から持統天皇の譲位までを三〇巻として編成した。その過程で天武天皇の元年を六七二年壬申とする紀年が組まれたのである。紀年は天武天皇を天智天皇の正統な後継者とする『日本書紀』の立場が表明された原則論なのだ。

『日本書紀』が完成すると、その紀年が公式のものとなる。天平宝字四年（七六〇）にまとめられた藤原氏の伝記『藤氏家伝（とうしかでん）』には、六八〇年生まれの藤原武智麻呂（むちまろ）を「天武天皇即位九年歳次庚辰（かのえたつ）四月一五日、大原（おおはら）の第（いえ）で誕生した」と紹介する。『日本書紀』の紀年が踏襲されたのである。

大友皇子即位の認定

『日本書紀』は巻第二八天武紀上で壬申の乱を描いた。先述したように壬申紀と呼ばれるが、養老四年（七二〇）からさかのぼること五〇年足らず前の争乱は、各氏族からの報告や従軍した下級官人の記録に基づいてまとめられている。壬申紀は順を追って戦闘の推移を記述し、あからさまな歴史評価が記されているわけではない。もちろん事実を捏造できるはずはなく、実際の争乱については、壬申紀に記されたものと大差はないだろう。

しかし『日本書紀』三〇巻のうち一巻分を一ヵ月間の争乱の記述にあて、それを天武紀上とするのである。『日本書紀』は全体の構成や記述の比重によって、大海人皇子＝天武天皇の側に理のあることを主張するのである。

これに対して江戸時代、水戸藩で『大日本史』を編纂していた学者たちは、『日本書紀』とは異なる史料を挙げて大友皇子＝近江朝廷側の再評価に努めた。水戸学の人たちが着目した史料とは、漢詩約一二〇編を収録した奈良時代の漢詩集『懐風藻』である。そのなかには「淡海朝皇太子」（大友皇子）の詩があり、伝記も掲載している。

大友皇子の伝記には太陽を奪われる夢が記されている。夢に驚いた大友皇子に対し、「藤原内大臣」（藤原鎌足）は次のような夢解きを示す。

> おそらくは陛下〔天智天皇〕がおかくれになった後、巨猾〔非常に悪賢い奴〕がすきまをうかがうことでしょう。　（『懐風藻』大友皇子伝）

太陽はもちろん皇位の象徴である。大友皇子の伝記は「壬申年の乱に遭遇して、天命を遂げられなかった。時に年二五」と結ばれているので、結論を先取りした予知夢の趣きである。「巨猾」は皇位を奪う者であって、漢王朝の簒奪者として悪名高い王莽（字は巨君）を念頭に置いた語である。つまり暗に天武天皇を簒奪者としている。『日本書紀』とは対立する歴史観である。奈良時代の『懐風藻』がよくこのような記述を載せたものだと感心さえする。

水戸の学者たちは、朱子学の大義名分論を日本史に適応し、『大日本史』のなかで本紀（紀伝体の史書のなかで、君主の事績を書いた部分）に「天皇大友」を立てた。大友皇子を天皇と認定し、史書のなかで格上げをしたのだ。水戸学では「天武天皇は舎人親王にとって君父である。ありのままに事実を記述することができないのは、もとより当然である」とし、『日本書紀』の史書としての限界を説く。

大友皇子は即位したという主張には賛同者が広まり、明治維新後には政府から大友皇子に「弘文天皇」の諡が贈られた。明治三年（一八七〇）七月二四日に太政官から布告され、ここに大友皇子は天皇歴代に加えられる。

描かれた歴史の探究

しかしながら『日本書紀』が示す記述を疑い、『懐風藻』を用いた史料批判によって隠された真実が明らかになったといえるだろうか。

たしかに大友皇子は、父天智天皇崩後の近江朝廷の中心人物であったろう。しかしそのことと大友皇子の即位を認定することの間には飛躍がある。『懐風藻』の目録は「淡海朝皇太子」とあって即位は明記していない。そもそも即位を認定するという行為は、現在の古代史研究でそれほど意義はないだろう。

壬申の乱を扱った研究・著作は数多いが、『日本書紀』全体のなかで壬申紀の論理を見極め、壬申紀がいかに読まれてきたかを課題とした研究は数少ない。それは古代史の研究では史実への関心が優先された反面、描かれた歴史――歴史書そのものの探究が後回しになってきたからではないか。

『日本書紀』はさまざまな資料を集めて整理された編纂物である。編纂物書物の性格をしっかりと理解するためには、編纂のあり方と編纂の材料について確かめることが必要である。壬申紀は編纂のあり方がわずかにうかがえる点で、『日本書紀』を読むうえでの試金石なのだ。

訓点に残る養老講書

『日本書紀』はもとより、六国史はすべて勅撰――天皇の命令によって編集された書物である。それだけ格の高い文献であるが、かえってこのことが現代人にある種の疑いを抱かせるようである。政府がまとめた政府の歴史は、はたして事実を語り得るのだろうか、との疑いである。

これは、「誰が『日本書紀』の読者であるのか」との設問をはさむことで、実情に当てはまった答えをもたらすことができるだろう。

現在に伝わる『日本書紀』古写本のなかには、漢文を訓読するために書き込まれた語句の読みや発音の符号を書きこんだものがある。これらは訓点と総称され、『日本書紀』が尊重され、読み継がれてきた証といってよい。日本語研究にとっては無限の宝庫である。

その訓点のなかには、「養老」「養老説」などと注記されたものがある。

『日本書紀』巻第一神代上の大八洲生成の一節からみてみよう。イザナキ・イザナミの二神が天浮橋に立ち、矛を指し下ろして海原を探るときのことば、「底下に豈、国無けむや」(下界の底のほうに、国はないのだろうか)である。『日本書紀』の「乾元本」にある訓に注目したい。第4章で詳述するが「乾元本」は「日本紀の家」と称された卜部氏吉田流に伝来した一四世紀の写本である。

これをみると、『日本書紀』本文の「底下」の左傍らに「ソコツシタ尓」「養老説」「江」との書入れがある。「底下」は「ソコツシタニ」と訓読し、その根拠は「江」(大江氏の訓点を伝える写本)や「養老説」にあることを示す。「養老説」とは、養老五年(七二一)に行われたとされる日本紀講（『日本書紀』の講義）での訓を指す。

古代の『日本書紀』の講義は、漢語漢文の記述を、和語でどのように読むかであった。おびただしい訓点はその努力の痕跡である。古代では公式の文体は漢文である。定型の表現を踏まえ、故事や名句を先行する漢籍にあおぐことが必然であった。この点は漢字を用いながらも和文で記した『古事記』との違いである。

なお『日本書紀』の文章について、典拠を研究するものとして出典論がある。最近では、『日本書紀』の文章を整えるとき、梁・徐僧権『華林遍略』や北斉の祖孝徴『修文殿御覧』といった類書（項目別に名句を再編集した文献）を参照したことが推測されている。いわば便利な辞典を利用し、孫引きで文章が整えられたのだ。

読者は資料の提供者

話を戻す。日本紀講は平安期に入って盛んになるが、養老五年（七二一）は『日本書紀』が完成した翌年である。編纂との関係を考えると、『日本書紀』が完成したから講書が行われたのではなく、『日本書紀』は講書を前提としてまとめられたとも考えられる。

古代にはこのような例がよくみられる。たとえば七〇一年に完成した大宝律令は、施行のために講義が行われている。七五七年に施行された養老律令では、「説令所」が設けられたので、やはり講義があったようだ。これら律令と同様、『日本書紀』も、天皇へ奏上するだけではなく、開かれた場で内容を講義する機会が設けられていたのであろう。

このように考えると、『日本書紀』が完成した当初の読者は朝廷に仕える官人たちだった。『日本書紀』持統天皇五年（六九一）八月をみると、詔により一八の古代氏族――大三輪・雀部・石上・藤原・石川・巨勢・膳部・春日・上毛野・大伴・紀伊・平群・羽田・阿倍・佐伯・釆女・穂積・阿曇氏が「その祖らの墓記」を提出している。この一八氏族は史書の編纂を進めていた朝廷に、自氏の祖に関わる記録・伝承を提供していた。その彼ら官人たちに講義を行い、彼らが読者になったのである。

新たに完成した史書がどのような記述であるか、彼らは無関心ではなかったろう。『日本書紀』では、「中臣連の遠祖」「出雲臣・土師連らの祖」など、氏族の始祖について関心を払っている。とりわけ『日本書紀』巻第一神代上・巻第二神代下はもっぱら神話・伝承に特化した巻だが、古代氏族の始祖や氏族が奉仕する祭祀の起源についての記述が多い。諸資料の提供者に配慮をしたと考えられる。

そのような読者に対し、いくら勅撰の権威があるとはいえ、一方的な「歴史」を提示することは難しい。

3　素　材——公文書から外国文献まで

『続日本紀』が記す完成記事

『日本書紀』はどのようにして成立したのだろうか。ここでは『日本書紀』の完成にいたる編纂の過程を辿ってみよう。

『日本書紀』の完成は第二の国史『続日本紀（しょくにほんぎ）』で次のように記されている。

> これより先、一品舎人（いっぽんとねり）親王が勅をうけたまわり、日本紀を編修した。ここに至って完成をしたので奏上をした。紀三〇巻と系図一巻である。
>
> （『続日本紀』養老四年五月癸酉〈二一日〉条）

短い文であるが、いくつかの問題がある。

まずは書名である。『続日本紀』では史書の標題が「日本紀」であって「日本書紀」ではない。次に「これより先」との記述である。つまり、いつから編纂事業が始まったのかが明記されていない。さらに「系図一巻」の記述である。現在に伝わる『日本書紀』はたしかに三〇巻の構成であるが、「系図一巻」は残っていない。

書名の問題は長い議論があり、「日本紀」こそが原題であるとの意見は根強い。しかし大宝令の注釈「古記」（天平一〇年〈七三八〉頃成立）では、「日本書紀巻第一に云く……」と引用されていること、平安期の『日本書紀』古写本は巻頭・巻尾そろって「日本書紀」を書名としていること、この二点は無視することができない。「日本書紀」と「日本紀」両様の書名が併存していたとみるのが妥当である。

国史編纂の動き――「天皇記」「国記」から

では、いつから編纂事業が始まったのか。『日本書紀』に結実する国史編纂の動きは、淵源を辿れば推古天皇二八年（六二〇）に聖徳太子・蘇我馬子が編纂し始めた「天皇記」「国記」にまでさかのぼる。古代の日本が国家形成を急いでいた七世紀の歩みとともに、自国史をまとめる営みが始まったのである。

「天皇記」「国記」とも現在に伝わらず、どういったものかはっきりしないが、「天皇記」はのちの「帝紀」にあたり、天皇の系譜や継承関係をまとめたものと考えられている。「国記」は研究者によって理解に幅があり、風土記のような地方の伝承である、あるいは氏姓や系譜の台帳、あるいは課税のための戸籍と考える説がある。「天皇記」と対になる政府の記録なのだろう。

「天皇記」「国記」は、六四五年の乙巳の変で蘇我蝦夷が自邸に火を放ったことで失われた。推古朝に編纂の始まった「天皇記」「国記」とは、当然、推古朝の政権構造を反映して、蘇我氏の立場が強調された内容であったろう。だからこそ、国家がまとめる歴史書が蘇我氏の邸で保管されていて、その滅亡とともに失われたのだ。

その後も対外戦争の敗北（白村江の戦い〈六六三年〉）、皇位をめぐる内乱（壬申の乱〈六七二年〉）と国政上の転機が連続する。状況が大きく変わるのは天武朝、天武天皇一〇年（六八一）の詔で歴史書の編纂が命じられたことによる。

『日本書紀』となる直接の編纂事業は、ここに始まる。

> 天武天皇は大極殿に出御され、川嶋皇子・忍壁皇子・廣瀬王・竹田王・桑田王・三野王・大錦下上毛野君三千・小錦中忌部連首・小錦下阿曇連稲敷・難波連大形・大山上中臣連大嶋・大山下平群臣子首に詔して、帝紀〔天皇の系譜・事績〕と上古の諸事〔古い時代の伝承・説話〕を記定するように命じられた。大嶋・子首はみずから筆を執って記載をした。
>
> （『日本書紀』天武天皇一〇年三月）

このようにして始まった歴史の編纂では、政府の公文書はもとより、記録・伝承の類を採録し、古代国家の史書としてまとめられていく。なかでも天武天皇一〇年（六八一）の「帝紀」は推古天皇二八年（六二〇）の「天皇記」と対応し、天皇家の系譜事項に違いない。

天武天皇はその完成をみることができなかったが、事業は妻である持統女帝、嫡孫の文武天皇と引き継がれた。天武からすれば孫にあたる元正女帝の時代、養老四年（七二〇）にようやく『日本書紀』の完成をみる。天武天皇一〇年から数えると三九年の歳月を費やしたことになる。日本最初の公的な歴史書が誕生するまでには、これだけの時間が必要だった。

外交に携わる僧侶の記録

ここでもう一度『日本書紀』の材料を八項目分けた坂本太郎の整理（二七頁）に立ちかえりたい。⑥個人の手記・日記と⑦外国文献について、その提供者を考えたい。

⑥は、『日本書紀』が分註として書名を挙げて引用した記録・文献である。内容を消化して本文にするのではなく、『高麗沙門道顕日本世記』『伊吉連博徳書』『難波吉士男人書』などの書名を明示して原文を引用したのは、その文献を典拠として尊重しているからである。『日本書紀』がまとめられた時点で、一定の評価を得ていた文献と思われる。

『高麗沙門道顕日本世記』は、現存はしないが高句麗の僧侶道顕（生没年不詳）の史書である。唐・新羅連合軍によって百済の都扶余が陥落する六六〇年（斉明天皇六年）以後の半島情勢が記され、外交史に特化した歴史文書である。『日本書紀』では斉明から天智朝にかけて四ヵ所の引用がある。

『高麗沙門道顕日本世記』は、唐と連合した新羅に対して厳しく、独特の視点を持つ。

新羅の金春秋〔新羅の王族、のちの武烈王〕は、蓋金〔高句麗の最高執政者である泉蓋蘇文〕に救援を願ったが、ききいれられなかった。そこで使者として唐に行き、新羅固有の衣冠を捨て、唐の天子に媚び、隣国に災いを与えようとの思惑をめぐらした。

（『日本書紀』斉明天皇六年七月）

新羅は国内にあった対唐外交の路線対立を乗り越え、唐との同盟に存亡を賭けた。金春秋は新羅と唐との同盟に奔走した王族である。

だが『高麗沙門道顕日本世記』が解説する七世紀後半の朝鮮半島情勢は、金春秋のおかげで災禍を被ったとする。新羅の「隣国」よりの視点である。道顕が高句麗僧だからである。道顕は倭国の外交顧問のような役割を果たしている。道顕は高句麗の戦略的意図を倭王権に訴えかけながら、倭国と半島諸国との交渉を担った大物のひとりなのであろう。

抑留された遣唐使の記録

『伊吉連博徳書』『難波吉士男人書』も現存しないが、外交交渉を担当した氏族が残した記録である。伊吉連博徳（生没年不詳）は斉明天皇五年（六五九）に遣唐使に加わり、帰朝後は大宝律令の制定にも従事した。入唐時の詳細な記録が『伊吉連博徳書』である。伊吉氏は外交官を多く輩出した渡来系の史（書記官）である。

難波吉士男人はこの書物名のみ後世に伝わる。斉明天皇五年の遣唐使随員であるらしく、『日本書紀』斉明天皇五年七月に『伊吉連博徳書』に続けて『難波吉士男人書』が引用され、入唐時に唐皇帝に対して日本から連れて行った蝦夷を見せたこと、蝦夷から鹿皮や弓矢を献上させたことを記載する。難波吉士男人の姓「吉士」（吉師）とは、新羅の一七等官の第一四等の称でもあり、渡来人に与えられていた。

伊吉連博徳、難波吉士男人は、七世紀以前の倭王権に参画した渡来系の人びとである。倭国の対外交渉に関与した点が共通する。実は伊吉連博徳・難波吉士男人が加わった斉明天皇五年の遣唐使は、高宗への謁見を終えた後、抑留されてしまう。

唐皇帝の勅があり、「わが唐は来年、必ず海東〔朝鮮半島〕を征討するであろう。汝ら倭客は東へ帰国することはならぬ」と言われた。そうして西京〔長安〕にとどめられ、別々の場所に幽閉された。戸は閉ざされて見張りが置かれ、自由な往来は許されなかった。くるしみながら幾年かを過ごした。

（『日本書紀』斉明天皇五年七月引用の『伊吉連博徳書』）

新羅からの救援要請を受けた唐は、六六〇年正月に水陸一〇万の兵を動員して百済への侵攻を決定する。日本は長らく百済と同盟関係にあったから、機密が漏れることを防ぐため、「倭客」である博徳・男人らは長安で幽閉されたのである。

このときの唐の出兵によって、同年八月に百済は滅亡し、さらに八年後の高句麗滅亡につながっていく。『伊吉連博徳書』『難波吉士男人書』は倭国にとっては危機に向かう外交史の一局面を、遣唐使の視点で伝えている。

先行した百済史書――『百済記』『百済新撰』『百済本記』

歴史書にとって大切な年代の表示は、『日本書紀』の場合、大王の系譜（帝紀）と三つの百済史書によって表示されている。そのため、『日本書紀』の材料のうち、⑦外国文献（『魏志』『晋起居注』『百済記』『百済新撰』『百済本記』）の存在は重い。これらは年紀を備える歴史文献である。

他方で『日本書紀』での外国文献の引用箇所は偏りがある。『魏志』『晋起居注』は巻第九神功皇后紀にのみ引用され、邪馬台国の議論と関わり古来より有名である。神功皇后を倭女王に擬え、三世紀の人物とするための工夫であることは先述した。

朝鮮半島との関係で注目されるのが『百済記』『百済新撰』『百済本記』である。

この三つは百済史書と呼ばれ、『日本書紀』に先行して存在していた歴史書である。現代には伝わらず、『日本書紀』に引用された断片が残るだけである。巻第九神功皇后紀から巻第一九欽明紀のなかで盛んに用いられ、朝鮮諸国との交渉が詳しい。

百済史書の成立をめぐってはふたつの説がある。ひとつは六世紀、推古朝に百済出自の渡来人が倭国の朝廷に提出したとみる説、もうひとつは七世紀、天武・持統朝になってから百済の遺民が天皇に献上したとみる説である。

筆者は六世紀成立説を採る。百済史書のうちの『百済本記』は、「加不至費直」(河内直)や「委意斯移麻岐弥」(倭の押山君)など、人名に用いられた仮名表示に特色がある。「移」を「ヤ」と訓むのは、七世紀では一般的でなくなった古い仮名表示である。また六世紀以前の倭と朝鮮半島との交流を史書としてまとめる必要性は、この頃から倭国に渡来して倭王権に仕えた史(書記官)にふさわしい。以上の理由から、『百済本記』は古い渡来系の書記官が朝廷に提出した記録と考える。

三つの百済史書は、それぞれ百済の歴史ごとに記述している。『百済記』は、百済と倭国との交渉の始まりから、高句麗の攻撃を受けて蓋鹵王（在位四五五―四七五）が敗死するまでである。『百済新撰』は、雄略天皇の支援を受け熊津（公州）で百済が再興された東城王（在位四七九―五〇一）・武寧王（在位五〇一―五二三）の時代である。『百済本記』は仏教伝来で知られる聖王（在位五二三―五五四）の治世である。

五世紀以前を対象とした『百済記』は、朝鮮漢文で特徴的な文末を示す助辞「之」が多い。倭国から派遣されながら美女によって籠絡されたサチヒコ（沙至比跪、葛城襲津彦）の物語など、説話の要素も色濃い。

これに対して六世紀の動向を記録した『百済本記』は正しい規則にのっとって記された漢文で、日の干支を備えた純然たる年代記である。この違いは両書の成立時期の違いであろう。『日本書紀』に占める百済記事の比重はきわめて大きい。いま言及した四人の百済王はすべて『日本書紀』に死没の記事がある。

朝鮮半島情勢の〝偏り〟

ところで、一九七一年に行われた韓国の公州にある宋山里古墳群の発掘調査から、二枚の誌石が出土した。そのうちの一枚には「寧東大将軍百済斯麻王、年六十二歳、癸卯年五月丙戌朔七日壬辰崩到」と記されていた。百済武寧王の墓誌である。癸卯年は西暦の五二三年、『日本書紀』では継体天皇一七年にあたる。

末多王（百済の東城王）は無道で人民を苦しめた。そこで国人はみな王を除いて、武寧王を立てた。武寧王の実名は斯麻王という。

（『日本書紀』武烈天皇四年〈五〇二〉引用の『百済新撰』）

十二月戊辰、鎮東大将軍である百済王余隆（武寧王）を寧東大将軍とした。

（『梁書』武帝紀下　普通二年〈五二一〉）

墓誌に記された武寧王の実名「斯麻」は『日本書紀』の記事と、官号「寧東大将軍」は六世紀のことを記した中国の歴史書『梁書』の記事と一致する。百済に繁栄をもたらし、東アジアをつなぐ活躍をした斯麻王は、没後に「武寧」の漢風諡号が贈られた。

このように、『日本書紀』は日本の古代史書としてだけでなく、東アジア史を描き出す中国の史書と同様に扱い得る高い価値がある。この点については別の場所で論じたことがあるが（『東アジアの日本書紀』）、ここでは『日本書紀』をめぐる百済との関係を端的に述べておこう。

古代の日本は、一貫して百済と同盟して朝鮮半島での活動を行ってきた。それは古代の一級史料として名高い高句麗広開土王碑（吉林省集安）に「百残〔百済〕誓いを破り、倭と和通す」、百済が贈った七支刀（石上神宮蔵）に「倭王の旨のために造り」とあるように、四世紀にさかのぼって確認できる。

それだけに『日本書紀』に先行して存在し、『日本書紀』に引用された百済史書の影響は決定的である。近年の研究でも、古代史家の仁藤敦史が『日本書紀』の描く「任那」について、百済史書での主張が反映したと論じている。

「任那」は朝鮮半島南部を指す呼称であるが、日本の統治対象の地であるとの『日本書紀』の歴史観が濃厚なために、現在では「加耶諸国」と呼ばれることのほうが多い。ところがその歴史観は『日本書紀』が材料とした百済史書から引き継いだものなのだ。それはまた百済史書には「百済本位の書き方」があって、『日本書紀』の対外関係史は、百済の立場によって偏りのある情報だとの指摘でもある。

同じように『日本書紀』で記される新羅は、多くの場合非難の対象である。それは六世紀に新羅と抗争を深めていた百済の歴史観が、百済史書を通じて『日本書紀』に持ち込まれたからである。そして七世紀以後の新羅と日本との摩擦についても、明らかに『日本書紀』の百済史が描き出した新羅像に影響された面がある。描き出された歴史が現実の関係を示していたといえる。

八世紀に成立した『日本書紀』が、素材史料の持っていた偏りから逃れる歴史叙述は難しかったであろう。百済史書からの引用は、『日本書紀』の歴史観や偏りの一端を示している。

『日本書紀』の可能性

編纂の材料を通して『日本書紀』を眺めると、『日本書紀』はただ一人特定の著者が考え抜いた計画に従って書き記した歴史ではない。さまざまな素材を尊重し、先行する歴史記述や古い伝承の価値を認めて引用した。『日本書紀』は歴史書である。だが、現在の歴史や歴史書とは違う考えに基づくところがある。『日本書紀』を理解するためには、偏りのある記録はもとより、伝承や歌謡のようなそのまま歴史的事実とは考えがたい材料を記載する、その意味を考えなければならない。

『日本書紀』が神代を設定し、氏族や地域の伝承を取り込んだことも同じであるが、それは手本とした中国の正史にはなかった。八世紀の日本で完成した歴史書の型式である。以後『日本書紀』がひとつの典型となって、国史の編纂が続いていくのである。

第2章

天皇の歴史への執着

――『続日本紀』『日本後紀』

1 奈良時代史への入り口——『続日本紀』

全四〇巻『続日本紀』の構成——奈良時代の網羅

六国史の第二である『続日本紀』は文武天皇元年（六九七）から延暦一〇年（七九一）までの九五年間を全四〇巻にまとめる。

このうち称徳天皇は孝謙天皇の重祚であるので、『続日本紀』は八人九代の天皇を対象としている。奈良時代（七一〇〜七八四）を網羅する記録である。『続日本紀』は日本古代史の史料を学ぶ入り口とされる。

学術研究の話になるが、関西を中心に活動する続日本紀研究会は、一九五三年一二月から『続日本紀』の輪読と研究発表を行ってきた。息の長い活動は六〇年以上に及び、多くの古代研究者にとって出身大学を超えた研鑽の場となっている。東京では戦後の古代史研究を導いてきた井上光貞（一九一七—八三）を代表として、一九七八年に続日本紀注解編纂会が発足し、その周到で重厚な成果は岩波書店の新日本古典文学大系本として結実した。

戦後の古代史学のなかで、最も研究の進んだ文献史料は『続日本紀』といって過言ではない。

2－1　『続日本紀』全40巻の構成

巻　数	天皇代
巻第1～3	文武天皇（天之真宗豊祖父天皇）
巻第4～6	元明天皇（日本根子天津御代豊国成姫天皇）
巻第7～9	元正天皇（日本根子高瑞浄足姫天皇）
巻第10～17	聖武天皇（天璽国押開豊桜彦天皇）
巻第18～20	孝謙天皇（宝字称徳孝謙皇帝）
巻第21～25	淳仁天皇（廃帝）
巻第26～30	称徳天皇（高野天皇）
巻第31～36	光仁天皇（天宗高紹天皇）
巻第37～40	桓武天皇（今皇帝）

そのため現在では、研究者による現代語訳（平凡社東洋文庫）・注釈書（現代思潮社、岩波書店新日本古典文学大系）が刊行され、古代史を専門としない一般の人でも『続日本紀』の内容を知ることができる。

注目すべきは、孝謙天皇に関心を寄せるアメリカの日本研究者、ロス・ベンダーによって『続日本紀』の英語訳が刊行されたことである（Ross Bender『The Edicts of the Last Empress, 749-770 A Translation from Shoku Nihongi』, Createspace, 2015）。基本文献である『続日本紀』の研究は新たな展開を迎えている。

国史と格——対照できる法令という存在

『続日本紀』が古代史を学ぶ入り口の役割を果たすのは、扱っている時代が七〇一年の大宝律令の施行によって国家の体制が確立される時期であることが大きい。この時代のことを学べば、古代全体にわたる基礎知識を得ることができるからだ。また『続日本紀』は『日本書紀』とは違って紀年の延長や神話の巻がない。政府の公文書を材料にして事実を書いているので、史料の性格を把握しやすい。

ところで六国史とともに古代史研究で基本となる文献史料に格がある。格とは、体系的・網羅的に規定された律令、つまりは、刑法、行政法、訴訟法などの不備を補うために、臨時に出された詔勅などの法令である。

個々の格は『弘仁格』『貞観格』『延喜格』として集成され、さらに平安時代後期になって三代の格は『類聚三代格』として再分類された。奈良時代から平安時代中期までの法令は、この『類聚三代格』によって全体を見渡すことができる。

格は時代の要請に応じて規定された重要な追加法であるため、歴史書に記載されるべき性質を持つ。実際に六国史の記事と『類聚三代格』を対照できる例が少なくない。たとえば以下のようなものがある。ここでは訓読文で対照してみよう。

『続日本紀』和銅元年三月乙卯〈二二日〉条

勅して、大宰府の帥・大弐、并せて三関と尾張守等とに、始めて傔仗を給う。その員、帥には八人、大弐と尾張守とに四人、三関の国守には二人。その考選・事力と公廨田とは、並びに史生に准ぜしむ。

勅して、傔仗を給う。大宰帥は八人、大弐は四人。その事力及び料田幷せて考選は、並びに史生の例に准ぜよ。

和銅元年三月二二日　　『類聚三代格』巻第五

国史と格、ふたつの史料はともに和銅元年（七〇八）三月二二日の勅について記している。文書の形式（勅）・日付・内容ともに一致し、同じことを伝えている。大宰府の長官（帥）・次官（大弐）に対する「傔仗」支給の規定である。

「傔仗」とは、武器を帯びて官人の護衛にあたる者で、辺境や要地の地方官、のちには節度使や鎮守将軍にも給された。

ここでの勅は、大宰府の長官と次官に「傔仗」を給することを決定し、その「傔仗」の「事力」（耕作人）・「料田」（俸給の田）・「考選」（勤務評定）については、「史生」（書記官）と同じ待遇にするよう規定したことになる。

歴史書と法令の情報量

このように同じ法令を掲載した『続日本紀』『類聚三代格』であるが、細かく比べると違いもある。『続日本紀』のほうが情報量は多く、「傔仗」を宛てがわれたのは大宰府の長官・

次官だけではなく、「尾張守」「三関の国守」も対象とされていたことがわかる。
「三関」とは、伊勢国鈴鹿関・美濃国不破関・越前国愛発関をいう。それぞれ東海道・東山道・北陸道の要地で、交通を取り締まる関門が置かれた。そこで大宰府や三関国といった軍事的に重要な地を治める地方官に対し、官から護衛の傔仗を支給したとするのが、『続日本紀』の側の記事である。

ではなぜ、『類聚三代格』では三関国のことが落ちているのだろうか。

それには制度の改廃が関係している。八世紀後半、畿内と東国との往来が盛んになると、軍事上の検察拠点であった三関は、むしろ交通を制限する障害とみなされるようになる。この時期、桓武天皇が蝦夷の征討を行っており、人やモノを速やかに東国へ運ぶことが差し迫った課題でもあった。そこで延暦八年（七八九）七月一四日の勅により三関は廃される（三関の廃止についても、『続日本紀』『類聚三代格』ともに史料が残る）。

このような経緯を踏まえ、法例集である『類聚三代格』では実効性のある部分に限って勅を掲載した。より正確にいうなら、『類聚三代格』に先行する『弘仁格』（八三〇年施行）が編纂された段階で、平安時代にはすでに実態のない三関の記述は削除し、大宰府官人への「傔仗」支給のみに修正した勅を収録していたのである。

一方で歴史書である『続日本紀』では奈良時代の歴史を記すので、和銅元年（七〇八）三月当時の勅をほぼそのまま採用して条文とした。現代からみれば、手を加えなかったことが大きな〝功績〟で、大宰府だけでなく三関国と尾張の国司にも「傔仗」を宛てがったことがわかる。尾張国は東国・西国の中間地帯として軍事・交通上の要地である。持統天皇の東国行幸でも経由地になった。

このような時代背景を加えてみるなら、大宝律令の施行（七〇一年）からまもない和銅元年三月の段階で、尾張国が三関国に准じる軍事的要地と認識され、その国司に対して「傔仗」を宛てがったことが理解できる。

和銅元年三月二二日の勅は、これを素材史料として二次的に文献をまとめる場合、歴史書なり法例集なり、その文献の目的に合わせて改変された。これこそがさまざまな材料をもとに新たな書物を作り上げる編纂の特徴である。

法例集を編纂するときに、詔勅（しょうちょく）（天皇の命令）・官符（かんぷ）（太政官の命令）・官奏（かんそう）（太政官から天皇へ奉る報告・意見）など、もとの行政文書で効力を失った規定を削除することは、今日でも規定の改廃などにみられることである。格を編纂する目的が法例という実務上の要請にあるからである。これに対して歴史書の場合は無効となった規定でも、過去に発せられたという事実に重きを置いて記事に編む。

和銅元年三月二二日の勅の場合は、たまたま『続日本紀』のほうが情報量が多かったが、六国史全体を通してみると、格に対応する法例の採録そのものが極端に少ない『日本文徳天皇実録』のような例もある。これは史書ごとの個性というほかない。

このように六国史の記事の背後には、詔勅や官符・官奏といった公文書に由来する情報群がある。序章で触れた内藤湖南の六国史評（四頁）を思い出してほしい。官報を綴じ込んだようだといわれた六国史は、文書・記録の裏付けがある面で積極的な評価を与えることができる。

律令では、行政文書の書式が細かに定められ、各役所が文書を発信する場合、文書の「案」（控え）を保存するきまりである。「案」は単に保存されたのではない。『続日本紀』をはじめとする六国史の記事は、公的な事業としてまとめられる歴史書である。国史と格の例でわかるように、歴史書や法例集をまとめるときには、「案」が利用されたに違いない。

当然、できあがった歴史書の情報量は第一級で、内容の信頼性も高い。日本古代史の根本史料と呼ぶにふさわしい質を備えている。

正倉院文書と木簡――裏付ける史料の存在

『続日本紀』のもうひとつの利点は、木簡や正倉院文書といった対照できる一次史料が豊富なことである。『続日本紀』と一次史料をつき合わせることで、奈良時代に生きた人びとの実像は鮮明に蘇ってきた。これだけ豊かな八世紀の史料に恵まれているのは、世界的にも稀有なことである。

木簡の多くは廃棄されたものが土のなかでたまたま残り、発掘によって再び日の目をみたものである。正倉院文書も写経所という部局の事務帳簿であるから、これも意図して伝えられたものではない。後世に残すためにまとめられた編纂文献とは、根本から性格が違う文字資料である。

『続日本紀』を基本に複数の史料を駆使すると、場合によっては、日時や個人の動向といったかなり細かな部分まで歴史を再現することが可能になる。奈良時代史研究の強みである。

そこで実例を挙げて、『続日本紀』との関連から正倉院文書の世界を眺めてみよう。天平勝宝五年（七五三）三月に行われた仁王会を例にとる。

東大寺に百の高座を設けて、『仁王経』を講じさせた。しかしこの日につむじ風が起きたため、講説は終了しなかった。その後、四月九日に講説させたところ、つむじ風がまた起きた。

（『続日本紀』天平勝宝五年三月庚午〈二九日〉）

仁王会とは、一〇〇人もの僧侶を招いて護国経典『仁王経』（仁王般若経）を講説し、国家の平安を祈念する法会である。『続日本紀』によれば、このときの講説の場は東大寺の屋外であったから、つむじ風のために講説が終わらなかった。再度四月九日に行われたときも、またつむじ風のあったことを伝えている。

さて天平勝宝五年の仁王会は、正倉院に事務帳簿や木簡が残り、準備の過程を再現することができる。

正倉院には仏像・仏具を収納した際の二点の木簡が伝存する。ヒノキの材で五〇センチを超える長大な木簡で、差し出しとなったのは仁王会準備のために設けられた臨時の部署で、「仁王会所」「装束司」と呼称されていた。仁王会所の木簡は仏具などとともに移動し、収納する際には物品内容を示した付札として機能した。

「装束司」の次官は入唐経験を持つ法律家、大倭小東人（六八九—七六九）が務めた（長官は不明）。小東人は天平勝宝五年二月二六日に命令を出し、『仁王経』の注釈（仁王経疏）を「仁王会経所」にもたらしている。

これを受けて写経所が作業を開始する。写経所は光明皇后の家の写経所に起源を持ち、皇后や天皇が発願した写経を行った。やがて東大寺の造営を担当した役所、造東大寺司の一部局となる。れっきとした官庁である。そして、この写経所が残した事務帳簿こそが正倉院文書である。

仁王会で使用される僧侶一〇〇人分の写経も、写経所が六四部の書写を分担する計画になった。

正倉院宝物との〝符合〟

写経所の事業は天皇や皇后の意思によるもので、勤務しているのも律令官人である。事務官は「案主（あんず）」と呼ばれ、作業工程を管理しながら帳簿などの記録を残した。実際の写経は装潢（そうこう）（巻物の表具担当）・経生（きょうせい）（筆写担当）・校生（こうせい）（二度の校正担当）が手分けをして製作する。彼らも官人である。

天平勝宝五年の『仁王経』写経の帳簿を整理すると、作業の流れは以下のようになる。

書写は天平勝宝五年三月一一日から開始され、一五名の経生が集められ、料紙が配られて順次書写が進んでいった。しかしこの日程では、同月二九日に実施された仁王会まで時間的な余裕がない。一ヵ月に足りない準備期間で一〇〇人分の『仁王経』を写すのだから、かなり厳しい作業日程である。

そのためか、写経所で仕上げられた経巻は、当初予定されていた六四部の半分以下、三〇部にとどまった。残りについては造東大寺の写経所ではなく、山階寺（やましなでら）（興福寺（こうふくじ））・薬師寺など奈良の寺で分担して書写されたらしい。

正倉院文書からは、仁王会で講説を担当した僧侶の名前が判明する。「仁王講師」と呼ばれた山階寺の僧善珠（七二三—七九七）である。彼はのちに秋篠寺を開き、最澄に請われて延暦寺根本中堂落慶の導師を務める名僧である。

さらに正倉院には、仁王会に関わる宝物が残る。仁王会では香木や元正太上天皇の『般若心経』が捧げられたようで、香木や心経の牌（付け札）が現存する。象牙を材料とし金泥によって仁王会の日付が記されている。まさに『続日本紀』の記事と符合する宝物である。正倉院文書や宝物が残っているおかげで、天平勝宝五年三月の仁王会を再現すると、これだけの動きのあったことが実証できる。これほど大がかりで臨時に装束司を設置し、写経所や平城の諸大寺に指示を出して準備された仁王会は尋常のものではない。

『仁王経』は、これを講説すると災害を除き、国を護る効果があるとされていた。一〇〇人の僧侶を集めて開催する仁王会は、朝廷を挙げて仏教によって国威を発揚する国家的な儀礼であった。その重要性ゆえに、『続日本紀』が記事を立てたのである。

凝縮された六国史の条文

条件がそろうと、『続日本紀』の条文の背後には、これだけの史実のあったことを再現できる。反対にいえば、『続日本紀』に代表される六国史の条文とは、その当時に行われていたさまざまな活動を要約し、限られた字数に凝縮したものなのだ。史料集でいうなら、史料の内容を要約して編者が記す「綱文」を思い浮かべればよい。

ところで、中国法制史・簡牘（木簡）の碩学であった大庭脩は、「木簡が出たことで歴史は変わったのか」との問いに対し、次のように答えていた――従来からの文献によって構想された歴史像が大きく変わることはない。しかし木簡が出てきたことによって、文献によって張られていた網の目がさらに細かくなることはある。

『続日本紀』（編纂文献）と木簡・正倉院文書（一次史料）の関係も同じではないか。

古代史の場合、対象となる史料は一次史料（出土文字史料・金石文・文書）と二次史料（編纂物）があり、後代にまとめられた二次史料は、その当時に書かれた一次史料よりも史料的価値が低くみなされる。これは古代史にかぎらず、史料を扱う歴史学の世界では鉄則だ。『日本書紀』よりも七世紀木簡が、『続日本紀』よりも正倉院文書のほうが、史料的価値が高いわけである。

ただし信頼に足る一次史料は個別・断片であることが多い。史書と木簡の違いは、単純ではあるが文字数の分量にある。個別・断片に体系を与え、遠く一〇〇〇年以上前の歴史像を再現するためには、時間を隔てて二次的な整理が加えられた編纂文献、つまり六国史の助けをかりなければならない。二者択一ではなく、複眼で史料を読むことで、古代の歴史はより豊かなものになっていく。性格の異なる史料との対話は、今後も続いていくだろう。

2　英主、桓武天皇の苦悩――特異な成立

「今皇帝」の同時代史

古代史の入り口のような存在の『続日本紀』であるが、その成り立ちは複雑である。このことは『続日本紀』の編纂を命じた五〇代桓武天皇の足跡から説き起こす必要がある。ここからは人物を軸に六国史をみてみよう。

延暦二五年（八〇六）三月一七日、在位二六年に及んだ桓武天皇が崩御した。七〇歳の生涯であった。『日本後紀』については、あとで詳述するが、ここでは桓武天皇の略歴・事績を次のように記す。

> 天皇は実名を山部といい天宗高紹天皇〔光仁天皇〕の長子である。前の史書には記述がなかったから、ここで詳しく記す。母は高野太皇太后という。
> 〔中略〕天皇の徳はまことに高く、容姿は抜きんでてすぐれていた。華美なものを好まず、遠くまで威徳をかがやかせた。皇位に登ってからは政治に心を砕き、内では平安京

などの造営を興し、外では征討を行って蝦夷を討ちはらった。これらは当面には大きな負担であったけれども、後世にとって頼りとなる恩恵である。

（『日本後紀』大同元年〈八〇六〉四月庚子〈七日〉条）

桓武天皇は壮年で皇位につき、困難を乗り越えて多くの実績を残した天皇である。平城京から長岡京、ついで平安京へと遷都し、坂上田村麻呂をはじめとする遠征軍を派遣して蝦夷を征討したことなど、めざましい事業の成果は後世への大きな遺産となった。

そもそも「桓武」という諡は、武力によって領域を広げた君主に捧げられる。『日本後紀』は、抑制された短い文章で桓武天皇の功績を記す、的確な人物評である。

ところで『日本後紀』には、桓武天皇の実名や父について、二行の細字で「前の史書には記述がなかったから、ここで詳しく記す」と注釈される。「前の史書」は『続日本紀』である。これはいったいどういうことか。

桓武天皇の治世は、第二の国史『続日本紀』と第三の国史『日本後紀』とに分断されているからである。具体的には『続日本紀』巻第三七から巻第四〇が「今皇帝」と題して天応元年（七八一）から延暦一〇年（七九一）まで、『日本後紀』巻第一から巻第一三までを「皇統弥照天皇」と題して延暦一一年（七九二）から大同元年（八〇六）までを扱う。『続日本紀』では桓武天皇の実名や父が紹介されていない。そのため『日本後紀』は、国史として初めて言及することを注釈したのである。

六国史は国家の正史であると同時に天皇の年代記でもある。記事は天皇の治世ごとにまとまり、全体で編年の史書となる。したがって天皇紀がふたつの史書に分かれていることは、六国史の基本性格からみて異例である。

その理由は桓武天皇自身にあった。『続日本紀』の編纂を命じた桓武天皇は、過去の歴史だけではなく、自分までを史書に掲載させたからである。『続日本紀』は「今皇帝」(現在在位中の皇帝)の同時代史なのだ。

二分可能な『続日本紀』

『続日本紀』は桓武天皇に提出されたときの上表(臣下が天皇に奉った文書)が残るので、どのような過程でまとめられたかがわかっている。ただし上表はふたつ、延暦一三年(七九四)二月と延暦一六年(七九七)八月のものがある。

これに対応して、『続日本紀』四〇巻はふたつの部分からできている。

前半二〇巻　文武天皇元年(六九七)から天平宝字二年(七五八)七月まで

後半二〇巻　天平宝字二年（七五八）八月から延暦一〇年（七九一）まで

前半は六二年間、後半は三四年間を扱う。同じ二〇巻の分量で収録した年数の違いを比較するだけでも、記事の密度に違いがあるであろうことは予測がつく。これも複雑な成り立ちに原因がある。喩えるなら、別々に敷かれた鉄道路線を合併した鉄道会社のようなものである。それぞれの路線に成り立ちの違いがあるように、『続日本紀』も前半と後半で異なる性格を持つ。

『続日本紀』以後の六国史は、標題・巻名に続いて、史書をまとめた編纂代表者の名前が記される。これを「撰号」と呼ぶ。ふたつの上表と撰号を手がかりに、『続日本紀』の成り立ちを確認しておこう。前半がⅠで後半がⅡである。

Ⅰ　延暦一六年（七九七）二月己巳（つちのとみ）（一三日）上表

巻第一～二〇　文武天皇元年（六九七）から天平宝字二年（七五八）七月まで

「従四位下行民部大輔（ぎょうみんぶのたいふ）兼左兵衛督（さひょうえのかみ）皇太子学士臣菅野朝臣真道（すがののあそんまみち）等奉　勅撰」

a文武天皇元年から天平宝字元年までの六一年間は、「曹案（そうあん）」三〇巻が存在していた。

b しかし、てぬかりが多い原稿だったから「前朝」は石川名足、淡海三船、当麻永嗣に詔して編集を命じた。ところがもとの原稿にこだわって十分な成果をあげられず、二九巻だけを提出した。しかも天平宝字元年のことを記した原稿は紛失してしまった。

c そこであらためて菅野真道、秋篠安人、中科巨都男に編集が命じられた。ここに二〇巻にまとめ、すでに完成している分とあわせて書名を「続日本紀」と命名し、全四〇巻として提出する。

Ⅱ　延暦一三年（七九四）八月癸丑（一三日）上表

巻第二一〜四〇　天平宝字二年（七五八）八月から延暦一〇年（七九一）まで

「右大臣従二位兼行皇太子傅中衛大将臣藤原朝臣継縄等奉　勅撰」

「右大臣正二位兼行皇太子傅中衛大将臣藤原朝臣継縄等奉　勅撰」（巻第三六以降）

d 天平宝字から宝亀までの記録は、詔して石川名足・上毛野大川に編集が命じられ、二〇巻にまとめられた。ただしそれは「案牘」（文書・書類）で、歴史書としては不完全な原稿である。

e そこであらためて藤原継縄、菅野真道、秋篠安人が再編集にあたり、一四巻にまとめて提出する。

『日本書紀』の後を承け、次の歴史書をまとめる事業は奈良時代の後半になって本格化した。上表の年が示すように、先にできあがったのが後半（Ⅱ）であった。これはまずこの時代を歴史書にまとめたい桓武天皇の意思を示すものだ。そこに『日本書紀』との空白を埋める前半（Ⅰ）が付け加えられ、合わせて『続日本紀』が完成したのである。

前半部の成り立ち

上表文にあったa〜eと付したそれぞれの事業について、立ち入って説明したい。

まずⅠの編纂事業は、奈良時代の後半、淳仁天皇の時代に始まったと考えられている。この時代は、唐にならった政策を推し進めた藤原仲麻呂（藤原恵美押勝）の絶頂期であり、古代氏族の系譜や藤原氏父祖の伝記が整備されている。aにある「曹案」は、そのような状況で『日本書紀』に継ぐ史書をめざして作成されていた原稿である。

ところが天平宝字八年（七六四）に乱を起こした仲麻呂が敗死する。淳仁天皇は廃位され、仲麻呂の執政下で実施された政策の多くが覆された。もし「曹案」が仲麻呂の意図に基づく歴史書であったならば、そのままでは提出できなかったに違いない。

残された「曹案」が再び陽の目をみるのは、桓武天皇からみて「前朝」にあたる光仁天皇の時代である。bのように石川名足・淡海三船らを撰者に選び、再編集が始まった。

名族蘇我氏の後裔である石川名足（七二八―七八八）は事務堪能で知られ、国政に参与した公卿である。天智天皇の血を引く淡海三船（七二二―七八五）は当時随一の知識人で、『日本書紀』の歴代天皇に死後の諡（漢風諡号）を捧げている。政府の公文書を材料とし、漢文で歴史書を執筆する撰者には、この二人は適任であるかにみえる。

しかし有能な人物を選んだものの、事業はうまくいかなかった。石川名足は自分が有能であるだけに他人の過ちが許せず、「好みて人の過ちを詰る」性格であった。淡海三船もまた地方官を視察する任にあったとき、取り調べが過酷かつ不公平で、職務を解任されるなど、行政官としての失点が伝わる。撰者の連係を欠いたのか「曹案」の改訂は進まず、さらに天平宝字元年のことを記録した一巻分を紛失する大失態が起こった。

天平宝字元年といえば政変（道祖王の廃太子、橘奈良麻呂の変）が相次いだ年である。歴史書として記述することは難しい。紛失したという名目で編纂を放棄したとする説もある。ともかく協調性を欠く撰者や困難な執筆課題を前に、編纂事業は失敗した。

そこでcのように桓武朝になって事業が仕切り直された。新たな撰者である菅野真道（七四一―八一四）は百済系の史（書記官）の家系、秋篠安人（七四三―八二一）は土師氏出身で、ともに桓武天皇の側近として信頼が厚い。

彼らは期待に応えて文武天皇から孝謙天皇までの歴史をまとめ、延暦一六年（七九七）に提出することができた。ただ当初三〇巻あった「曹案」は二〇巻に圧縮される。以上がⅠの編纂事業である。

後半部――自らの治世も対象に

これに対してⅡの編纂事業は、dにみるように石川名足・上毛野大川が撰者に任じられたときから開始した。それがいつのことか上表には明記がなく、状況証拠から光仁朝の宝亀九年（七七八）頃とするのが通説である。上毛野大川は遣唐使として唐にいたため、帰国する宝亀九年一一月が目安になるのだ。しかしdが光仁朝のことだとすると、上毛野大川の帰国から光仁天皇の譲位まで二年半程度、これでは編纂期間があまりに短い。

そこで筆者は、dの時期を桓武朝のことと考える。その理由は、上毛野大川が大外記（だいげき）となるのが天応元年（七八一）、桓武天皇即位の年だからである。

外記とは公文書を起草し、政務や儀式で先例を調査する政府の書記官である。六国史の撰者には外記の任にある者が充てられた例が多い。国史編纂では、政府公文書を編纂素材にするため、文書行政に通じた実務者を撰者に選んだのだ。

このことを念頭に『続日本紀』でも、上毛野大川が大外記に任じられた桓武朝になって、d天平宝字から宝亀までの記録がまとめられたと考えたい。

それでもdで残されたのは歴史書としては不完全な原稿である。石川名足と上毛野大川が死没したことも一因かもしれない。そこで桓武天皇はあらためて、eにみるように藤原継縄・菅野真道・秋篠安人を再編集にあたらせ、淳仁天皇から光仁天皇までを一四巻にまとめ、延暦一三年(七九四)に提出させた。

一四巻とは半端な巻数である。六国史は三〇巻や四〇巻と、きりのよい巻数でまとめられる。それでeの一四巻は、続けて桓武朝の同時代を六巻分にまとめ、合わせて二〇巻とする構想だったのだろう。

では、桓武朝の六巻分(巻第三七〜四〇)はいつまとめられたのか。上表には記載がないのだが、『続日本紀』の撰号が手がかりになる。II『続日本紀』後半の撰号は名門出身の右大臣、藤原継縄(七二七―七九六)が代表名であるが、彼の官位をみると巻第三五までは「従二位」、巻第三六以降は「正二位」なのだ。

継縄が従二位から正二位へと昇進したのは延暦一三年(七九四)一〇月、同一五年(七九六)七月には七〇歳で世を去る。そこで『続日本紀』のうち桓武朝の六巻分は、継縄が正二位となり彼が死去するまでに完成したといえよう。

時期を限定すれば一層明らかだが、桓武天皇は自らの治世を前半の一部とはいえ歴史書の対象とした。これが六国史における『続日本紀』の個性を際立たせる最大の特徴である。

無実の長屋王

他方で、『続日本紀』がふたつの成り立ちを持つことは、さまざまな問題を生んでいる。圧縮されてしまった『続日本紀』の前半は、ちょうど、日本の古代国家が本格的に律令制に基づいて動き始めた時期にあたる。だが圧縮の結果、重要な事件であっても記事が簡略なことがあり、古代史研究者としては、『続日本紀』を読むときにもどかしい思いをする。たとえば長屋王の変である。

神亀六年（七二九）二月、時の左大臣であった長屋王（六七六？―七二九）が「ひそかに邪な道を学び、国家を傾けようとしている」と密告され、自殺に追い込まれた。このことは『続日本紀』巻第一〇の天平元年（七二九）二月辛未（一〇日）から丁亥（二六日）にかけて記事がある。特に二月丙子（一五日）には、王の処分を下す聖武天皇の勅が掲げられている。

勅して、「左大臣正二位長屋王は、残忍でねじまがった性格の持ち主で、おりにふれてその本性が現れてきた。悪事を尽くしてきたが、ついには法の網の目にかかることとなった。いまは悪党を摘発して平らげ、賊は除き滅ぼすべきである。国司は群衆が集まって悪事を企むことがないように指導せよ」とおっしゃった。

（『続日本紀』天平元年二月丙子〈一五日〉条）

ところが同じ『続日本紀』の別の条文では、長屋王が謀反を企んだことは、無実だと語られる。巻第一三の天平一〇年七月丙子（一〇日）条である。

はじめ子虫は長屋王に仕えて、たいへんに恩遇を受けていた。このとき〔天平一〇年〕になって、子虫はたまたま東人と近い部署に配属されることになった。それで職務の合間には碁を囲むことがあったのだが、その折、話が長屋王のことに及んだため、子虫は憤って東人を罵り、遂には剣を抜いて斬り殺したのである。東人は長屋王のことを誣告した人である。

（同　天平一〇年七月丙子〈一〇日〉条）

これは平城宮で起きた殺人事件の記事である。かつて長屋王に仕えていた大伴子虫が中臣宮処東人を斬り殺した。注目すべきは『続日本紀』の編纂者が事件の背景を補足した最後の一文、中臣宮処東人による長屋王の告発は「誣告」だったとの明記である。「誣告」とは、他人を陥れる目的で虚偽の申告をすることである。律（刑法）の規定では、謀反・大逆を誣告した場合、斬刑に処せられる。長屋王の謀反が「誣告」であったのなら、長屋王の処分を命じた聖武天皇の勅はどうなるのか。同じ『続日本紀』のなかで、長屋王の変に対する評価が食い違う。これは史書として、あるいは朝廷として大きな矛盾である。

けれども、『続日本紀』の前半に記された長屋王の事件は、編纂時点の桓武朝からみて遠い出来事で、まさしく「歴史」となっていた。神亀六年の朝廷が下した処分と事件の真相に矛盾があったとしても、『続日本紀』の前半のなかでは大きな問題ではなかったのだろう。『続日本紀』の後半であれば、こうはいかない。たとえ政治事件を記すにしても、ずっと慎重で、朝廷の見解に矛盾がないように仕上げられた。

「破却」された早良親王の記述

では、桓武朝で痛みをともなって想起された事件はあったのだろうか。それは桓武天皇をめぐる皇位継承の問題である。

桓武天皇は、今日では平安時代を開いた英主として評価が高い。しかし出自からみると、母は百済系の渡来系氏族であり、皇位を継承できない庶出の皇子であった。若き日の桓武＝

山部王は、大学頭・侍従などを歴任した律令官人である。

転機は三四歳のときに訪れる。父である白壁王が光仁天皇として即位したのである。山部王は親王となり、やがては皇太子を経て四五歳で即位する。

しかし即位して地位を安定させるまでに無理を重ねなければならず、犠牲となった人物は数多い。これは輝かしい業績を誇る桓武天皇にとって影となる面なのだ。

最大の犠牲者は、延暦四年（七八五）に死んだ天皇の実弟、早良親王（七五〇―七八五）である。早良親王の犠牲は『続日本紀』に影を落とす。桓武天皇はいったん完成した『続日本紀』から、早良親王の記事を「破却」（原形をとどめないほどに破壊する）させた。

> また『続日本紀』に掲載されていた崇道天皇〔早良親王〕が藤原種継を好ましく思っていなかった記事は、〔桓武天皇が〕皆ことごとく破却なさいました。
>
> （『日本後紀』弘仁元年〈八一〇〉九月丁未〈一〇日〉条）

削られて現在は目にすることのできない記事が、かえって『続日本紀』という史書の個性を明らかにする。このことは『続日本紀』の成り立ちに関わる根本の問題である。早良親王が死んだ延暦四年の事件を確認しておきたい。

2-2　系図／桓武天皇と政争の犠牲者たち

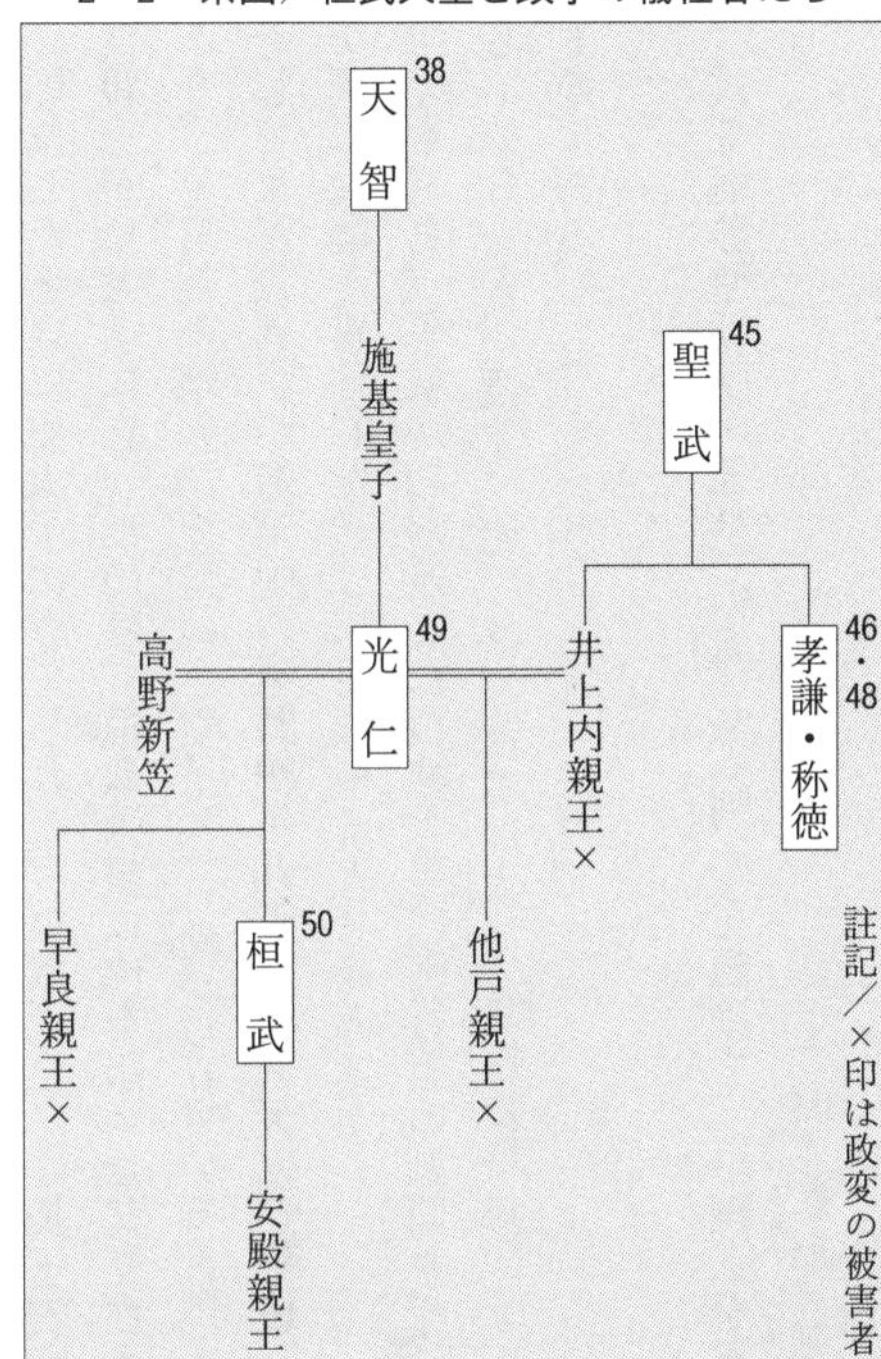

延暦四年の事件を超えて

早良親王の死は、次のような経緯である。

延暦三年（七八四）一一月、桓武天皇は長岡京に都を移す。遷都は桓武天皇にとって念願の計画で、信任厚い中納言の藤原種継（七三七―七八五）が造長岡宮使として造営を指揮していた。ところが皇太子早良親王は、種継のことを「好ましく思っていなかった」とある。

早良親王は桓武天皇と一三歳年齢の離れた同母の弟である。天応元年（七八一）四月に桓武天皇が即位したときに皇太子に立てられた。桓武天皇には長子安殿親王がいたにもかかわらず、早良親王が皇太子に立ったのは、桓武天皇に位を譲った父光仁太上天皇の意向に沿ったのであろう。早良親王は光仁天皇の「愛子」（可愛がられている子供）と呼ばれていた。

そしてまだ長岡京が造営中の延暦四年九月、桓武天皇が平城宮に赴いた留守を狙い、何者かが藤原種継を殺害した。二三日夜のことである。

早くも翌日、平城から帰還した桓武天皇は実行犯の処罰を命じた。二八日には詔を出し、厳しい処分を言い渡す。処分されたのは大伴家持ら早良親王に近い官人、罪状は次のようなものである。

式部卿藤原朝臣〔種継〕を殺し、朝庭を傾けて、早良王を君とすることを謀議した。

（『日本紀略』延暦四年九月庚申〈二八日〉条）

この日の詔はたいへん重要な内容であるが、現行の『続日本紀』には記載がない。本来は掲載されていたのであろうが、先に触れたように「破却」されている。この記述は、六国史をもとに後代に編集された『日本紀略』である。

早良親王がその後どうなったか、やはり『続日本紀』は記さない。淡路に流される途中で飲食を止められ、海上で死亡したのが真相のようである。

延暦四年の事件で核心にあるのは、皇位継承をめぐる緊張関係である。弟ではなくわが子に皇位を伝えること、自分が新たな皇統の始祖となることが桓武天皇の意思であった。振り返ると、桓武天皇は自分の意思を実現するために、一人の皇后（井上内親王）と二人の皇太子（他戸親王・早良親王）を死に追いやっていた。

桓武天皇は血統上の弱点を抱えていたからこそ、権威を確立しなければならない。そこで大規模な事業を興し、動揺の続く東北支配を征夷によって解決し、長岡京ついで平安京と新たな都城を造営したのである。

『続日本紀』という歴史書の編纂も、桓武天皇が熱意を注いだ事業である。『続日本紀』の後半を桓武が受け取った延暦一三年（七九四）は、まさに平安遷都の年である。延暦四年の事件を乗り越え、桓武天皇の在位は一四年目に入っていた。困難の多かったこれまでの治世を振り返り、一定の満足を感じていたのだろう。

そこで、あえて自分の治世までを『続日本紀』としてまとめさせた。評価を後代に委ねるのではなく、自分の評価を歴史書のなかに定めさせたのだ。

しかし、過去の罪は長い影を引く。すっかり片のついたはずの事件は、桓武天皇の治世のなかで新しい展開をみせ始めた。

さかのぼると延暦九年（七九〇）閏三月に皇后藤原乙牟漏が三一歳で死去し、同年九月に皇太子安殿親王の健康が損なわれると、やがて早良親王が祟りをなしているとささやかれ始める。それも一因として長岡京は放棄され、新たに平安京へ都が遷された。延暦一九年（八〇〇）七月には「朕思うところ有り」として、早良親王には崇道天皇の号が追贈され、墓は陵と改称されている。

それでも怖れはなくならない。延暦二三年（八〇四）一二月、六八歳の桓武天皇が病に臥すと、寺院に対して読経が要請された。東大寺に残る内侍宣からは、要請に応じて法会が行われたことが裏付けられる。

内侍宣とは、高級女官である内侍が天皇の意思を伝えた命令である。東大寺の内侍宣は延暦二四年（八〇五）九月二四日の日付で、「太上天皇の御霊」のために平城京の七大寺に読経を命じている。「太上天皇」は追って天皇の号が与えられた早良親王である。「御霊」への怖れが生々しい。

そして延暦二五年（八〇六）三月一七日、桓武天皇は七〇歳で生涯を終えた。まさにこの日にも、「延暦四年の事」で処分された官人の名誉を回復し、早良親王のために諸国で読経を行うことを命じている。桓武天皇は死の間際まで、実弟の怨霊を怖れていた。

『続日本紀』から延暦四年の事件に関する詳細が削除されたのは、桓武天皇が病に臥して生涯を終えるまでの期間であろう。桓武が死の間際に早良親王事件での関係者に対する処分を解除したことは、延暦四年の事件そのものの評価を覆したといわねばならない。『続日本紀』から延暦四年の事件を削除するのは、同じ意味がある。

桓武天皇が変えた歴史評価

『続日本紀』は編纂された現在に強い力点を置いた。『続日本紀』も最後になると、桓武天皇の外戚（がいせき）にあたる百済王（くだらのこにきし）氏・土師（はじ）氏・紀（き）氏の改氏姓記事が詳しく掲載されている。藤原継縄や菅野真道ら撰者たちが『続日本紀』のなかに登場することも多い。これは現代史・同時代史の類であろう。

さまざまなことのあった長岡京に区切りをつけ、自らの治世についての評価を、歴史書によって確定させる。これが桓武天皇の意図であった。

ところが桓武天皇は晩年になって、再び早良親王の「怨魂（おんこん）」「怨霊（おんりょう）」に悩まされる。病に臥した天皇は、延暦四年（七八五）の事件に対して自らを恥じ悔いる思いを抱いていた。それが延暦四年で処分された関係者の名誉回復につながったのである。

現状の『続日本紀』では、早良親王が皇太子を廃されたことはわかるが、なぜ廃されたのか、いつ死去したのかがわからない。記録としては欠陥のある歴史書である。それでも、天皇によって歴史評価が変わったのだから、歴史書そのものも変わったのだ。

3　太上天皇への史臣評——『日本後紀』

唯一の散逸

第三の国史『日本後紀（にほんこうき）』は、桓武天皇の治世後半と平城（へいぜい）・嵯峨（さが）・淳和（じゅんな）、延暦一一年（七九二）正月丙辰（ひのえたつ）朔（一日）より天長（てんちょう）一〇年（八三三）二月乙酉（きのととり）（二八日）までの四二年間を全四〇巻に収めていたはずである。「はずである」というのは、六国史のなかで『日本後紀』だけが散逸（さんいつ）（書物が散らばってなくなること）してしまったからだ。

ようやく江戸時代後半になって桓武紀四巻・平城紀二巻・嵯峨紀四巻の計一〇巻分が再発見され、盲目の大学者塙保己一（はなわほきいち）（一七四六—一八二一）によって出版された。

『日本後紀』が対象とする四一年の間には、平安京への遷都や征夷大将軍に任じられた坂上田村麻呂（さかのうえのたむらまろ）の活躍などが掲載されていたはずで、これら重要な事件について断片的にしか

2－3　『日本後紀』全40巻の構成

巻　数	天皇代
巻第1～13	桓武天皇（皇統弥照天皇）
巻第14～17	平城天皇（日本根子天推国高彦天皇）
巻第18～30	嵯峨天皇（太上天皇）
巻第31～40	淳和天皇（後太上天皇）

知ることができないのは、他の六国史はそろっているだけにまことに残念である。

江戸時代の学者たちも同じような思いを抱いたようで、失われた『日本後紀』への待望から偽書が作られるほどであった。

そのため散逸した『日本後紀』の本文復原に取り組む地道な作業も続けられた。水戸藩の『大日本史』編纂事業で『万葉集』の調査を担当した安藤為章（一六五九―一七一六）は、「真の『日本後紀』は、『類聚国史』と『日本紀略』に引用されたものだけが確かなものだ」と述べている。その通りで、六国史を記事別に再分類した『類聚国史』や六国史などを要約した『日本紀略』、このふたつの文献が『日本後紀』復原の材料となった。

現在では残された一〇巻と収集された逸文を合わせて、『日本後紀』の全貌がほぼ明らかになっている。

編纂事業の仕切り直し――天皇三代の差

『日本後紀』序によると、『日本後紀』の成り立ちは次のような経緯を辿った。
弘仁一〇年（八一九）、嵯峨天皇は藤原冬嗣、藤原緒嗣、藤原貞嗣、良岑安世ら四人に史書編纂の監修を命じた。この年は『続日本紀』が完成した延暦一六年（七九七）より二二年が経っている。三四歳の嵯峨天皇はもとより、公卿のなかにも前代の修史に参加した者はいない。

筆頭撰者の藤原冬嗣は四五歳、公卿首席の正二位大納言で、『弘仁格式』『内裏儀式』など法典・儀典の編纂に加わった経験がある。嵯峨天皇の皇太子時代からの側近として信任が厚く、冬嗣の系統はやがて藤原摂関家を形成していく。

嵯峨天皇は弘仁一四年（八二三）四月になって皇太弟に譲位し、淳和天皇の世に代わった。先の撰者のうち三人が相次いで死去したため、残された藤原緒嗣に副えて清原夏野、直世王、藤原吉野、小野岑守、坂上今継、嶋田清田に命令が下り、編纂事業が継続する。坂上今継は漢籍を講義する紀伝博士、嶋田清田は政府の行政文書を扱う大外記であった。彼ら二人は公卿ではなく、実務面が買われて事業に参加している。

嵯峨朝の第一次撰者のうち良岑安世は天長七年（八三〇）七月に死去した。淳和朝の第二次撰者六人は一度に追加されたのか、順次任命されたのをまとめて記載したのか、序文からではわからない。

天長一〇年（八三三）になってまた代替わりがあり、淳和天皇が甥に譲位して仁明天皇が即位すると、あらためて編纂事業の継続が命じられた。修史の詔を受けたのは、公卿では藤原緒嗣、源常、藤原良房、朝野鹿取、この四人が史書編纂の監修に当たった。実務は文章生出身の布瑠高庭、大外記の山田古嗣の二人に委ねられた。

『日本後紀』序文によると、仁明朝の第三次撰者に対し、公卿には「功夫を遂げしむ」（編纂事業の遂行をさせる）、実務者には「其の事を銓次し、以て釈文を備えしむ」（史料を配列して史書として意味の整った文章にする）と、きちんと役割を分けている。

こうして完成した史書は「日本後紀」と命名され、承和七年（八四〇）一二月九日に奏上された。最初に編纂事業を命じた嵯峨天皇はこの年五五歳、生前に史書の完成を目にすることができた。

『日本後紀』の編纂経緯をみるとわかるように、嵯峨・淳和・仁明と代替わりごとに編纂事業の仕切り直しが行われ、あらためて撰者が任じられたように読める。歴史書編纂のような長期にわたる事業の場合、代替わりごとの任命確認が必要だったのかもしれないが、それが制度化していたかは明確でない。

また第一次から第三次までの編纂の痕跡は『日本後紀』のなかに残っていて、表現で差異がある。たとえば「今上」の語が、嵯峨天皇（弘仁二年七月八日条）・淳和天皇（延暦一八年正月二〇日条）・仁明天皇（弘仁四年二月二二日条）それぞれを指す。編纂の各段階で在位中の天皇を「今上」と表記したため、このような不統一が残るのだろう。

三人の天皇にわたった編纂事業で一貫して参加していたのは、藤原緒嗣（七七四―八四三）ただ一人である。そこから学界では、『日本後紀』の性格を藤原緒嗣の個性から理解する見方が提起されている。はたしてそれが妥当なのか。『日本後紀』そのものからみていこう。

人物批評のあり方

『日本後紀』の特徴は、人物伝での評価が厳正なことである。序章で触れたように位階を持つ官人の伝記、つまり「薨卒伝（こうしゅつでん）」にそれをみることができる。

六国史に掲載された人物の死去記事は、まず死去の事実・年齢、当該人物の続柄や官歴を挙げる。その後、人柄や性向を紹介して論評が加えられることがある。今日の新聞などにみえる訃報記事と同様である。

「職員令（しきいんりょう）」に規定された式部卿（しきぶきょう）の職務では、功臣の家から死去した官人の伝記を受け取ることになっている。これを「家伝（かでん）」と呼ぶ。官歴については政府側の人事記録がある。これらふたつの史料に基づけば、故人の官人としての経歴を記事にできる。

国史で独自性が発揮されるのは履歴に続く人物論評である。これは史書を撰んだ編纂者の目から描かれた。史書を読む側としては、「薨卒伝」のなかでも履歴情報と人物批評は分けて考える必要がある。史料の来歴が異なるからだ。

史書での人物評を考えるとき、参考になるのは中国の正史である。『漢書』など日本の古代でも尊重された史書は、本紀・列伝などで人物の生涯、子孫らの動向を紹介した後、「賛に曰く」「論に曰く」「史臣曰く」などとして撰者が論評する。王朝ごとの紀伝体でまとめられた中国の正史は、事実の提示と撰者の批評がリズムをつくり、全体の歴史叙述を構成していた。

これは『史記』で司馬遷が「太史公曰く」として意見を述べる史書の伝統に根ざしている。したがって史家には歴史を批評する能力がなければならない。『史通』を著わした唐の劉知幾は「史家は才・学・識を兼ね備えなければならない」と説いている。「識」とは、事柄を観察し、その是非を判断する能力である。

日本の六国史の場合、紀伝体ではなく天皇代ごとの編年で作られるため、列伝ごとの区切りで史臣評を入れるわけにはいかない。編年のなかにはめ込まれた人物の死没にかけて、批評を加えている。ただし人物評は『日本書紀』にはみられず、『続日本紀』の後半から顕著になってくる。

「酒と女性を好み……」

『日本後紀』の「薨卒伝」から、逸文も含め紹介してみよう。

右大臣正二位兼行皇太子傅中衛大将藤原朝臣継縄が亡くなった。〔中略〕継縄は右大臣従一位豊成の第二子である。〔中略〕亡くなった年齢は七〇である。継縄は文武の職を歴任し、朝臣では首座の重職にいた。時には曹司に詰め、時には朝座に就いて政務を執り、へりくだってうやうやしく自制をしていた。政治上の実績は聞こえず、才能も識見もなかったけれども、批判は免れることができた。

（『日本後紀』延暦一五年〈七九六〉七月乙巳〈一六日〉条）

従四位下藤原朝臣縵麻呂が亡くなった。贈太政大臣正一位種継の第二男である。人となりは愚鈍で、事務能力がなく、大臣の子孫というだけで内外の職務を歴任したけれども、名声をあげることはなかった。ただ酒と女性を好んで、他には考えがなかった。亡くなった年齢は五四歳である。

（『日本後紀』逸文　弘仁一二年〈八二一〉九月己亥〈六日〉条）

弾正尹四品佐味親王が亡くなった。親王は桓武天皇の第九皇子である。容貌や振る舞いがすぐれ、たいへんに女色を好んだ。淳和天皇が践祚された日、朝堂に行列して立っていたところ、突然に病で倒れこんだ。そのときの呼び声はロバに似ていた。輿によって運び出され、幾日も経ずに亡くなった。その時の年齢は三三歳である。

（『日本後紀』逸文　天長二年〈八二五〉閏七月丁亥〈一六日〉条）

最初の人物評は延暦一五年に死去した藤原継縄についてである。『続日本紀』の撰者でもあるこの大臣は、へりくだった人柄で職務に努めたとある。そこまではよい。その後の「政治上の実績は聞こえず」「才能も識見もなかった」とは、公卿の首班であった人物に対してずいぶん思い切った批評である。

『日本後紀』は女性と酒について一言いわねば済まないようである。藤原縵麻呂については、「酒と女性を好んで、他には考えがなかった」と貶める。ただ縵麻呂は政変で失脚した藤原仲成・薬子の兄弟であるだけに、保身のために女性と酒にのめりこんで、他人の目を欺いたとも考えられる。

同様の貶めは親王であろうが容赦がない。最後の人物評は、即位の儀式で倒れた佐味親王の病態を伝えて「呼び声はロバに似ていた」と書いて憚らない。このような批評はまさか故人の家から提出された伝記「家伝」にはないであろう。『日本後紀』撰者の独擅場である。厳しい意見の印象が強いために、『日本後紀』の人物評は手厳しいと伝えられてきた。だが決して貶めた批評だけではない。

> 散位従四位上勲七等紀朝臣長田麻呂が亡くなった。中判事正六位上末茂の孫、正六位上相模介稲手の子である。史書伝記は学ばなかったが、ちょっとした技術の多くを身につけていた。自ら清貧に安んじて、名声・利益を求めなかった。「青松の下、必ず清風有り」という言葉が思い浮かぶ人柄であった。亡くなった年齢は七一歳である。
>
> （『日本後紀』逸文　天長二年六月辛巳〈九日〉条）

> 左兵衛督従四位上藤原朝臣家雄が亡くなった。贈太政大臣正一位百川の孫、左大臣正二位緒嗣の長子である。〔中略〕生まれつき清廉で、これは家雄の家風である。多くの典籍を学び、歩きながら弓を射ることも得意であった。惜しいことに、いまだ閣僚とならずに、早くして黄泉の人となってしまった。亡くなった年齢は三四歳である。
>
> （『日本後紀』逸文　天長九年三月癸丑〈二〇日〉条）

前者の人物評は清貧に甘んじた官人、紀長田麻呂の賞賛である。色を変えない松の下にさわやかな風が吹き渡るように、老翁の節操は変わらないと褒めた。ちなみに「青松の下、必ず清風有り」は、日本古代史の権威、坂本太郎が色紙に揮毫した名句である。

後者は公卿としての将来を期待されていた名門の子弟、藤原家雄の早世記事である。哀れを誘うのは、三四歳で没した家雄が『日本後紀』撰者、藤原緒嗣の子であったことである。父が子の人物評を監修する巡り合わせとなった。

このように『日本後紀』の人物評は生彩に富んだもので、それだけを読み通しても興味は尽きない。では誰がこのような人物評を残したのか。まずはただ一人、一貫して『日本後紀』の撰者を務めた藤原緒嗣が候補に挙げられる。

藤原緒嗣の複雑な立場と心境

藤原緒嗣は桓武天皇を皇太子に押し上げた功臣藤原百川の遺児である。宝亀五年（七七四）に生まれ、延暦七年（七八八）に桓武天皇に呼ばれて殿上で加冠（成人の儀礼）され、延暦二一年には参議に抜擢された。若い頃から順調に昇進を続け、公卿のなかで存在感を発揮していた。

延暦二四年一二月に行われた菅野真道との徳政相論では、三二歳の緒嗣が民の苦しむ「軍事と造作」（蝦夷征討と平安京造営）の二大事業停止を主張し、桓武天皇は緒嗣の議を善しとした（『日本後紀』延暦二四年一二月七日条）。

桓武天皇の側近として桓武朝の二大事業を推進してきた六五歳の菅野真道を前に、民政の見地から忌憚のない意見を述べた緒嗣の剛毅さは光る。そこで同じく忌避することのない『日本後紀』の人物評についても、緒嗣の個性に帰す考えが通説となってきた。

ただ緒嗣の官歴自体は、弘仁二年（八一一）に藤原冬嗣が参議となってからは、むしろ嵯峨天皇の気に入りであった冬嗣に後れをとるようになる。この時期に『日本後紀』の編纂が開始したので、筆頭の撰者を冬嗣に譲り、現存する『日本後紀』の撰号も「左大臣正二位兼行左近衛大将臣藤原朝臣冬嗣ら勅を奉りて撰す」とある。ちなみに冬嗣のほうが緒嗣より一歳年下である。

淳和朝になり天長三年（八二六）に冬嗣が先に世を去ると、ようやく緒嗣は公卿の首班となった。以後、承和一〇年（八四三）の死去まで首班である。ただ、嵯峨天皇の頃から、一〇回以上辞表を提出し、そのたびに慰留されていた。

たしかに『続日本後紀』の藤原緒嗣の薨伝には「政治によく通じ、苦労せずによく国政を処理し、国家の利害について知れば必ず奏した」との一節がある。坂本太郎などは「剛毅な性格と高邁な識見で抜群の人」と緒嗣への評価が高い。しかし同じ薨伝では「二人が議論しているとき、最初に語った者の説が正しくなく、後に語った者の説が真実であっても、最初の説を確信すると後者の説を容れないことがあった。この偏執によって人から批判を受けた」ともある。

公卿としての政務への関与は、太政官符という政府の命令が発給される際、案件を担当する上卿を務めた件数によって知ることができる。上卿を務めた数は有能な公卿の指標といってよいのだが、嵯峨・淳和朝での藤原緒嗣の上卿件数は意外なほど少ない。嵯峨朝以降の緒嗣はご意見番のような役割に徹し、積極的に国政を論じた形跡がない。

緒嗣にとって最も華やかだった時代は、功臣の遺児として桓武天皇から特に目をかけられた延暦年間で終わっている。また緒嗣は後継者に恵まれず、先に挙げた藤原家雄という期待をかけた長子を喪っている。第二子の春津は出仕を拒んで引きこもりがちで、「南山の玄豹」とあだ名された（『日本三代実録』貞観元年〈八五九〉七月一三日条）。

緒嗣に対して冬嗣は、次男の良房が嵯峨天皇の女、源潔姫を配される恩恵を得て、めざましい昇進を遂げていく。このことも聡明であり頑固でもあった緒嗣を屈折させたのではないだろうか。

天皇への厳しい論評

先に触れたように、坂本太郎は、藤原緒嗣の人柄に深く共感し、人物批評で独自の見識を発揮する『日本後紀』の史書としての価値は、藤原緒嗣に由来すると説いた。一九五五年発表の論文「六国史とその撰者」のなかで、「日本後紀における、かの批判的精神は、このような緒嗣の公正剛毅の精神と無関係ではない」と賞賛している。

この論文は、六国史には個性がないといわれることへの反論であり、のちに坂本自身「会心の作であった」と語っている。

論文中、緒嗣作の根拠とされたのは、大同改元への論評と平城天皇の崩伝である。

> 元号を「大同」に改めることは礼に反している。国君が位に即いたとき、年を踰えて改元する（踰年改元）のは、臣下や子の心情として、一年のうちに二君有ることに忍びないからである。ところが今、未だ年を踰えずに改元を行った（当年改元）。これは先帝の残年を分けて新天皇のよろこばしい元号と成すことである。「終りを慎んで改めることをしない」との意義を失い、孝子の心に違えるものである。古典を参照するならば、失というべきである。
>
> （『日本後紀』大同元年〈八〇六〉五月辛巳〈一八日〉条）

延暦二五年（八〇六）三月に崩じた桓武天皇の元号を改め、同じ年の五月に元号を大同とした。これを非礼とする議論である。『論語』学而より「亡くなった人のとむらいを礼に従って行う」は「父のやりかたを三年間改めないのが孝行である」を引き、年のうちの改元は不孝であり過失なのだと強調する。このような論評が平城天皇の即位前紀に配されている。帝王への厳しい批判である。

平城天皇は大同四年（八〇九）に譲位して太上天皇となった後、生まれ育ったかつての平城京に住まい、天長元年（八二四）七月に亡くなった。埋葬記事のあと、『日本後紀』には天皇の人柄・業績が崩伝として回顧される。

平城太上天皇は識見や度量が奥深く、智慧や計略に通じていた。自ら政務を親裁し、己に克ち、精神を励まして、無駄な支出を省き、珍奇なものを絶った。そのため法令は厳正に整い、群臣や下僚は身を引き締めた。これは古えの聖王にも劣らないものである。そうだとはいえ、天皇の人となりは猜疑心が強く、人の上に立ちながら寛容ではなかった。位を継承した始めの頃、弟である伊予親王とその子や母を殺し、この事件に連座した者は多かった。当時の人々は「淫刑」だと論じた。その後、天皇は心を内寵に傾け、政治を婦人に委ねた。「メンドリが時を告げるようになれば家は滅びる」という。ああ惜しいことである。崩じたときの年齢は五一歳であらせられる。諡して天推国高彦天皇ともうしあげる。（『日本後紀』逸文　天長元年七月己未〈一二日〉条）

これも含みのある史臣評である。前半では天皇の性向が賞賛され、すぐれた識見の持ち主で、深い智慧をめぐらす人物であったと述べる。

二〇年に及ぶ皇太子時代を経て即位した平城天皇は、いち早く官司の統廃、官職の減員を断行している。とりわけ急進的であったのは、地方行政の実情を把握する目的から観察使を新設し、やがて議政官を構成する参議を廃止したことである。意欲に富む新帝は地方に目を向け、一層直接的に中央で統制することをめざしていた。

また正月七日・一六日の節会（天皇が群臣を集めて行った祝日の宴会）を停止し、民の煩いになるとして諸国から珍味を献上することを禁じるなど、年中行事の簡素化に努めた。伝記にある「無駄な支出を省き、珍奇なものを絶った」とは、これら合理的思考から取り組んだ改革を指す。

しかし聡明な天皇は、人を疑う心も強かった。崩伝の後半は天皇への批判を強め、「淫刑」との時評を引く。「淫刑」は度を超した刑罰、弟の伊予親王を自殺に追い込んだことを指している。

『日本後紀』は「内寵」による失政で伝記を締めくくる。「内寵」とはお気に入りの側近、具体的には藤原薬子（くすこ）を指す。女性を寵愛し政治を委ねたことは、儒教の倫理観に照らしてあってはならない事態である。「メンドリが時を告げるようになれば家は滅びる」との『尚書（しょうしょ）』牧誓（ぼくせい）のことわざを引き、その失態を印象づける。

ここだけを読めば、天皇の治世さえ鋭い視点で論評した。そこに批判的精神を読み取ることは可能である。

ただ『日本後紀』全体の文脈に置き直してみればどうだろう。『日本後紀』は公平に批判しているといえるだろうか。結論からいえば、「天皇に対する批判はその対象が平城天皇に限られたもの」である（大平和典「『日本後紀』の編纂と藤原緒嗣」）。

平城天皇は薬子の変（平城太上天皇の変）として知られる政変の敗者である。この点を史書がどう受け止めているかが問題なのである。人物批評にみせた女性問題への厳しさは、女性に政治を委ねたことへの批判と共鳴し、『日本後紀』全体で非難の文脈を形成する。臣子の礼に照らして大同改元は非礼だとの論難も同じである。

歴史評価の継承と拒絶

平城天皇の在位期間は三年、皇太子時代から悩まされていた「風病」によって弟の嵯峨天皇に譲位した。三年間での性急な改革は、成果よりもむしろ反発を招いたのが実情であったろう。

譲位後に体調が好転した平城太上天皇は国政への意欲を見せ、嵯峨天皇ら平安京の宮廷側との間で確執が広がっていく。大同五年（八一〇）頃に嵯峨天皇が病に臥したこともあり、翌年の元日朝賀も廃された。後年嵯峨自身が語ったところでは、このときは退位さえ検討したという（『日本後紀』弘仁一四年〈八二三〉四月一六日条）。

大同五年九月になって太上天皇が平城遷都の詔を発した。動揺が広がり、ついに嵯峨天皇側は反撃に出る。太上天皇側の官人を左遷し、藤原仲成・薬子の兄妹を名指しして糾弾、対決の姿勢を鮮明にした。平城太上天皇は東国へ向かおうとして道を遮（さえぎ）られ、平城京に戻って剃髪（ていはつ）する。以上が薬子の変の大略である。

平城天皇は政変に敗北したことにより、その子孫に皇位を伝えることができなくなった。平城の皇子高岳（たかおか）親王は皇太子を廃され、やがて出家して法名真如（しんにょ）、天竺（てんじく）をめざす途上の羅越（らえつ）（マレー半島）で死去する。平城の長子阿保（あぼ）親王の子孫は、在原（ありはらの）朝臣の姓を賜って皇族の籍を離れた。

このように、いわば皇位継承の正統から外れた位置を占める平城太上天皇に対し、史臣評にあたる崩伝の記述が好意的でないのは当然である。系図からわかるように、『日本後紀』が対象とした四人の天皇のうち、唯一、平城天皇だけが史書の編纂に関与していない。ただし、歴史書の編纂に関わらなかったとしても、平城天皇は歴史書に対して無関心であったわけではない。前節で『続日本紀』の記事削除を説明したときに引用した記事を、もう一度読んでみたい。

また『続日本紀』に掲載されていた崇道(すどう)天皇〔早良親王〕が藤原種継(たねつぐ)を好ましく思っていなかった記事は、〔桓武天皇が〕皆ことごとく破却なさいました。ところが人の証言によって、破却した記事を本のように記述してしまいました。これもまた礼に反することであります。今、以前のように改正したということを、藤原緒嗣を〔桓武天皇陵に〕派遣して、謹んで奏上いたします。（『日本後紀』弘仁元年〈八一〇〉九月丁未〈一〇日〉条）

この記事は嵯峨天皇と平城太上天皇との対立が決定的となった八一〇年九月、天皇側から発せられた。

前半部分で、完成後の『続日本紀』から早良親王の記事を削除させたのは、桓武天皇であ

2－4　系図／桓武天皇の後継者たち

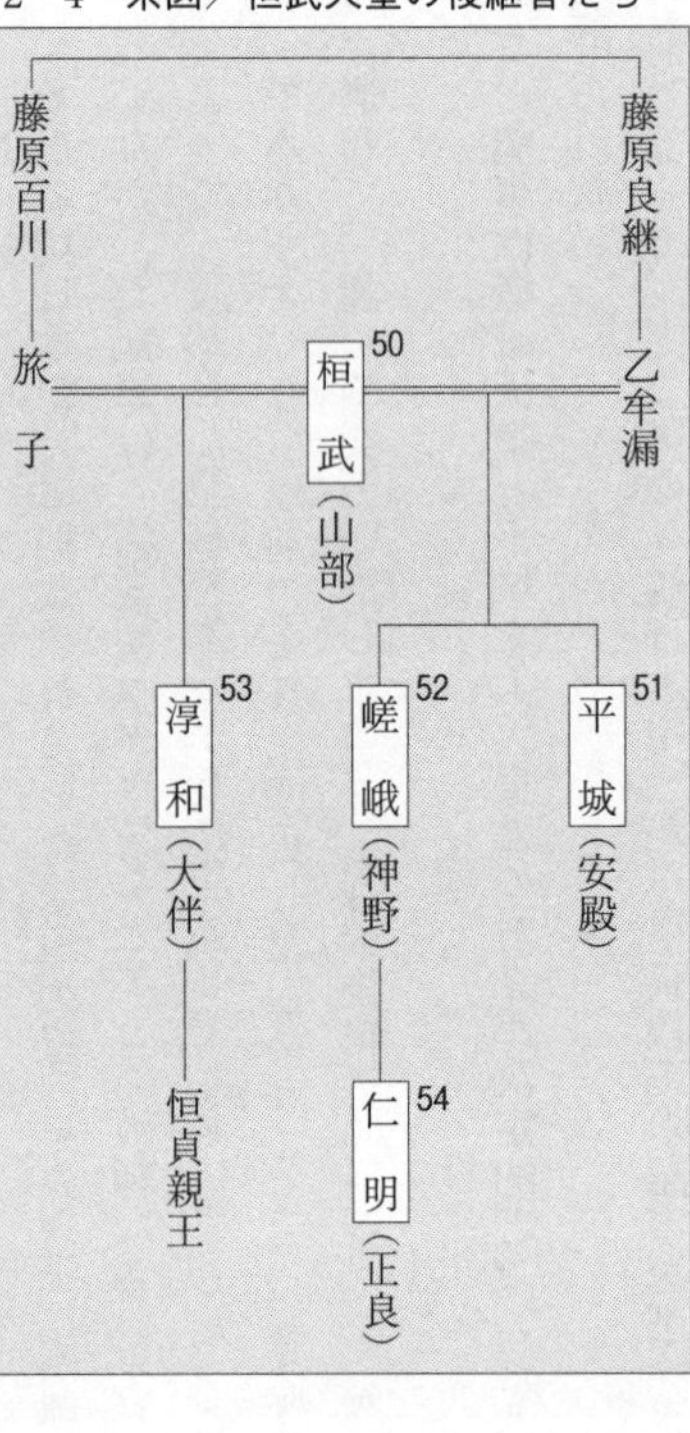

ったという。後半で桓武天皇が「破却」した記事を当初のように復原したのは「礼に反すること」と非難されている。

この文章は宣命（和文で書かれた天皇の命令）として桓武天皇陵に捧げられた。派遣された使者は藤原緒嗣である。桓武天皇に訴えかける型式をとって、平城太上天皇の側近が桓武天皇の遺志に背いていることを広く布告し、ひいては太上天皇に非のあることを訴えている。

では、なぜ平城朝でいったん削除された『続日本紀』の記事が復原されたのであろうか。まず皇太子であった早良親王が死に追いやられたことは、長く尾を引く過去の罪として、晩年の桓武天皇を苦しめていた。だから記事の「破却」が行われた。

ところが桓武の子である平城にしてみれば、早良親王が廃された事件があってこそ自分が皇太子となったのであり、史書では詳しく記載すべき重要な事件である。「人の証言によって」誰が記事を復原したのかは曖昧であるが、しかし勅撰の史書で記事の改補を指示できるのは天皇以外にはいない。つまり平城天皇が指示したのである。

桓武天皇のもとで二〇年にも及んだ皇太子時代は、平城天皇にとって居心地のよいものではなかったようである。皇太子は東宮坊という官司・官人に支えられ、自前の側近集団を形成する。『日本後紀』を読むと、平城の側近をめぐる桓武・平城親子の微妙な感情の行き違いが浮かんでくる。

『続日本紀』の記事をめぐる論点は、桓武朝末年に修正された歴史評価を継承するのか、拒否するのかという対立なのだ。少なくとも嵯峨天皇側は桓武天皇の遺志を忠実に継承することを強調し、『続日本紀』の記事復活は「礼に反すること」として非難する。儒教の倫理観を当てはめて、改元にあたって平城天皇の行動を「礼に反している」と貶めたのは、すでにみてきた。平城天皇の行動を正面から非難する最初は、八一〇年九月のこの宣命である。宣命は政変の意味に大きな影響を持ったのだ。

国学者たちの「史料批判」

平城太上天皇は平安京から平城京へと都を戻そうとした。しかし『日本後紀』の編纂に関わったのは、もはや平城京を知らない嵯峨・淳和・仁明天皇である。この世代にとって、桓武先帝が「万代宮」と定めた平安京を棄て、平城の古京に遷都することは、受け入れられない暴挙といえる。

以上のように考えるなら、平城太上天皇に対する史臣評は、政変後の朝廷が下した平城太上天皇評である。なにより編纂を命じた嵯峨天皇が、『日本後紀』が完成した承和七年（八四〇）に五五歳で生存している。『日本後紀』が朝廷の公式見解を覆すことは、できなかっただろう。

公的な史書が語る歴史には限界もある。このことを感じたのは江戸期の国学者たちであった。堅実な考証で知られた伴信友（ばんのぶとも）（一七七三―一八四六）は、薬子の変の叙述を問題にし、「国史という公的な編纂物であっても、露（あら）わには記述できず、婉曲（えんきょく）にしか書かれていない」と、史書を読む心得までを説く。これは歴史書に書かれていることが事実であるのかを検証する「史料批判」の視点だ。

江戸後期の読本（よみほん）作家である上田秋成（うえだあきなり）（一七三四―一八〇九）は、平安前期の宮廷に題材を取った『春雨物語（はるさめものがたり）』のなかの一篇「血かたびら」で、薬子の変を主題とした。そこでの平城天皇は善良でか弱い性格としている。

国学者たちは、平城天皇を「ならの帝」と呼び、純朴な日本古来の気風の持ち主だったと考えて共感を寄せる。「血かたびら」では嵯峨天皇を漢才のある智者として描き、薬子の口を借りて「唐土の悪しき簒奪の例を実行しようとされている」と難じている。

もちろん「血かたびら」は文学作品であるが、現代の歴史家が政変を再検証し、薬子の変は嵯峨天皇側からの「クーデター」（春名宏昭『平城天皇』）とみた視点を先取りしている。

塙保己一が再発見した『日本後紀』は、上田秋成の晩年に刊行された。賀茂真淵に連なる国学者でありながら、「書かれた歴史」への懐疑をぬぐい去ることのできなかった秋成が『日本後紀』をどのように読んだのか。「血かたびら」はひとつの可能性である。

『続日本紀』『日本後紀』からみる政治史

『続日本紀』『日本後紀』というふたつの史書には、歴史と葛藤した桓武天皇の意思が色濃く宿っている。

思えば奈良時代史の入り口として親しまれ、信頼できる素材史料を利用しながらも、『続日本紀』は欠陥の多い歴史書である。前半は記事の圧縮が行われたため、全体に記事が簡素となってしまった。後半は在位中の天皇までを記載の対象とした結果、完成後に記事の削除を行うことになった。

それでも筆者は、『続日本紀』の欠陥にこそ、この史書を作らせた人物――桓武天皇の際立った個性が反映していると思う。桓武天皇は歴史と葛藤し、歴史書との関わりを帝王らしいやり方で発揮したのである。

『続日本紀』を承けた『日本後紀』でも、史書は政治史と無関係ではなかった。父にならって国史をまとめさせた嵯峨天皇は、幸運にも天寿に恵まれ、在位中の治績をまとめた史書『日本後紀』の完成を目にする。ここでも史書の撰者たちは、天皇の視線を意識せざるを得ない。

だからこそ『日本後紀』は、奔放にさえみえる個性的な人物批評とはうらはらに、薬子の変については公的評価の枠を踏み外すことはない。『日本後紀』でさえ、撰者が独自の識見を発揮する余地は限られていた。

もっといえば、そもそも六国史について各史書の特徴を説明するために撰者の個性に帰す方法そのものが有効なのだろうか。勅撰史書は決して個人の「作品」ではない。天皇の命令を受けて編纂された共同の著作なのだ。

史書と撰者の関係は、個別に検討し、読者が判断していかねばならないのである。

第3章

成熟する平安の宮廷

——『続日本後紀』『日本文徳天皇実録』『日本三代実録』

1　秘薬を飲む天皇の世――『続日本後紀』

初の天皇一代の国史――一八年間を二〇巻に

第四の国史『続日本後紀』は全二〇巻、初めての天皇一代の国史である。仁明天皇の在位期間、天長一〇年（八三三）二月乙酉（二八日）の即位から、嘉祥三年（八五〇）三月癸卯（二五日）の葬送までを記す。

『続日本後紀』は閏月の有無にかかわらず、一年間を一巻に編成するのが基本方針である。ただし天長一〇年と承和九年（八四二）だけは各年を二巻ずつ（巻第一と第二、第一一と第一二）に分け、一八年間を二〇巻にまとめあげた。単純に考えれば、このふたつの年は記述に値する事件が多いことになろう。天長一〇年は仁明天皇即位の年、叔父である淳和天皇の譲りを受けた経緯が、宣命など文書の引用で詳細に記されている。一方、承和九年といえば、この年に恒貞親王が皇太子を廃される政変、いわゆる承和の変（八四二年）が起きている。

『続日本後紀』の編纂が一代後の文徳天皇の折に発議され、最初から仁明天皇の治世だけを史書に編むことにしていたのなら、政変の後で新たに道康親王が皇太子に立てられた経緯は、編纂を命じた者にとって最も関心を寄せる政治事件だったろう。道康親王はのちの文徳天皇である。

医薬への深い傾倒

仁明天皇は嵯峨天皇の皇子として弘仁元年（八一〇）に生まれ、諱は正良といった。母は橘嘉智子である。

『続日本後紀』の最後、嘉祥三年（八五〇）三月癸卯（二五日）条を締めくくるのは天皇の伝記と評価である。

> 仁明天皇は聡明で、多くの技芸を身につけておられた。特に傾倒されたのは経書や史書で、講義し声を上げて読み、飽きることはなかった。しかも漢音に習熟し、音の清濁を弁別することができた。柱下・漆園の説〔老子・荘子〕や『群書治要』の流れまで、およそ諸子百家の学説で通覧しなかったものはない。
>
> （『続日本後紀』嘉祥三年三月癸卯〈二五日〉条）

仁明天皇は思考力がすぐれ、学芸に心を寄せたことが語られる。『老子』『荘子』といった漢籍、『群書治要』のような帝王学の百科全書、さらには詩文に書や弓、音楽にまで秀でたことが記される。伝記には政治的な事績に関する記述は一切なく、足かけ一八年の治世を振り返る文章が学芸の紹介で占められている。天皇が在位した九世紀の宮廷、さらに『続日本後紀』という史書の関心がどこにあったかを示している。

続いて特記されているのが、医薬への深い傾倒である。


かつて帝はくつろいだ様子で侍臣に次のようにおおせられたことがある。

「朕はじめ七歳のときに腹結病を得た。八歳になって臍の下に絞り込むような痛みを覚える病になった。ついで頭痛を患った。元服して三年後には胸の病に罹り、初めは心臓の痛みに似ていて、しばらくすると錐を刺すような痛みに変わり、ついには痛みが増して刀で割かれるようになった。そこで七気丸・紫苑・生薑などの薬湯を服した。最初は効果があるようだったが、後になると服用量を増やしたところで、効果がない。そこで冷泉聖皇〔嵯峨太上天皇〕がご心配になって、勅して次のように仰せになった。『わたしは昔、この病を得、多くの処方を試みたが効かなかった。そこで金液丹と白石英を服用しようと思ったのである。医師らは禁じて許さない。しかしわたしは強いて服用したので、ついには病を癒すことができた。いま陛下が患っておられるところを聞けば、植物を材料とした草薬で治療できるものではない、金液丹を服用されるのがよいでしょう。ただし一般の医師どもに相談すれば、きっと反対して承知しないでしょう。淡海海子（おうみのあまこ）を呼んで細かに質問し、その助言にしたがって服用なさいませ』

朕はつつしんで冷泉聖皇の勅旨をうけたまわり、この丹薬を服用したところ、果たして効験を得たのであった」

『続日本後紀』は仁明天皇が病歴・服薬歴を回顧した発言を掲載し、冷然院（れいぜんいん）（のち冷泉院（れいぜいいん））に住んだ天皇の父、嵯峨太上天皇から「金液丹」の服用を勧められたことを記す。この薬は一般の医師が服用を反対する秘薬であった。

『続日本後紀』を読み進めると、「不予」（体調不良）の件数が非常に多い。四一歳で没しているので、仁明天皇が壮健でなかったことは事実である。そのことがかえって医術書を暗誦し、医者をも黙らせるほど知識を深める結果になっていった。七気丸・紫苑・生薑といった「草薬」（植物原料の薬）を服用するうちはまだよいのだが、病状が進んで薬が効かないときに、天皇の父が勧めたのが金液丹だった。

金液丹とは黄金や水銀などの鉱物を主成分に、不老不死を願って考え出された秘薬である。ちなみに、このような『続日本後紀』の挿話は、月に帰るかぐや姫が帝に不死の薬を残す『竹取物語』への影響が指摘されている。

仁明天皇の長い病歴回顧は続く。副作用に十分配慮し「自治の法」にのっとったのだから、丹薬服用は決して無謀ではなかったとの弁護である。四一歳まで生きられたのは、善仁の行いと健康への配慮なのだと結んで、『続日本後紀』は終わる。

仁明天皇の崩伝はおよそ四〇〇字、そのうち三二〇字が病気と薬の話である。勅撰という重みのある手続きを踏んでまとめられた史書で、天皇が医薬に傾倒したことをこれほど詳しく記すのは異例である。

得体の知れない薬を飲む――天皇と藤原良相の関係

仁明天皇と薬との関係でいえば、自ら調合した「五石散」を公卿らに試みたことさえある。公卿らは服用を嫌がるなか、側近の藤原良相だけが一気に飲んで「君臣の義を忘れざるかな」と感嘆を受けた（『日本三代実録』貞観九年〈八六七〉一〇月一〇日条薨伝）。

これは美談なのであろうか。得体の知れない薬を天皇から勧められた廷臣たちの困惑が目に浮かぶ。

藤原良相は『続日本後紀』の撰者であり、歴史書の編纂に心寄せたことは、のちの国史『日本三代実録』に残されている。

良相大臣は粗食をして年を重ね、非常にやせ細っていた。それでも命を終えるまで、かねてからの誓いを欠くことがなかった。篤く仏道に帰依し、臨終のときは正しく仏を念じた。時の人は良相を姚伯審になぞらえたものである。

（『日本三代実録』貞観九年一〇月一〇日乙亥条）

やせ細るほどの粗食で仏道に帰依し、かねてからの仏道の誓いに背かなかった良相を、時の人は姚伯審に比したという。姚伯審とは、隋の姚察（五三三―六〇六）として知られ、熱心に仏教を崇敬した貴族である。

しかし姚察の伝記で印象に残るのは、仏道よりむしろ梁・陳二代の史書をまとめることに励み、その完結を遺言して死去したことである。父の遺志を受けついだ姚思廉は、六三六年に『梁書』『陳書』を完成させた。

藤原良相の伝記で、わざわざ姚察の名が挙げられたのは、姚察のように仏道に篤いことはもとより、歴史書の編纂に熱意を持っていたことを暗示しようとしたのではないか。良相は自分が仕えた仁明天皇の事績を『続日本後紀』にまとめようとしていたが、史書編纂を中途のままに世を去ることは無念で、その良相の思いが『日本三代実録』で特記されたのだろう。

では、『続日本後紀』はどのようにしてまとめられたのか。撰者たちの動向に焦点を合わせて眺めてみよう。

藤原良房・良相兄弟の関与

『日本後紀』に続く第四の国史をまとめることが発案されたのは、仁明天皇の子である文徳天皇の時代であった。『日本文徳天皇実録』斉衡二年（八五五）二月丁卯（一七日）条には、国史編纂の開始と、藤原良房・伴善男・春澄善縄・安野豊道の四名がその任に当たった記事がある。このとき文徳天皇は二九歳、天皇の伯父良房は前年から公卿の首座を占め、文字通り宮廷の第一人者であった。

　この事業は次代の清和天皇まで持ち越され、完成した『続日本後紀』の序は貞観一一年（八六九）八月一四日付けで記されている。ただ序が語る編纂の沿革は『日本文徳天皇実録』の記事とやや違う。藤原良房・藤原良相・伴善男・春澄善縄・県犬養貞守の五名が事業に加わったとする。

　この違いは、編纂事業の途中で参加した者（藤原良相・県犬養貞守）と交代した者（安野豊道）があって、『日本文徳天皇実録』の記事と『続日本後紀』序とで人名の出入りが生じたからだろう。

　一般に六国史の撰者は、「職員令」の規定よりも、『新儀式』の記述に当てはまることが多い。『新儀式』とは一〇世紀にまとめられた儀式書で、国史を編纂するときには、①第一の大臣、②執行の参議、③大外記（政府の書記官）か儒士（儒学などを修めた学者）のなかの適任者を選ぶとある。

『新儀式』の規定を『続日本後紀』に当てはめてみれば、①第一の大臣は藤原良房、②執行の参議は伴善男、③は経歴からみて「儒士」の春澄善縄、少外記に在任した安野豊道にあたる。

藤原良相・県犬養貞守は次のように解釈できる。県犬養貞守は天安元年（八五七）正月に下総介として地方に転出した安野豊道の後任であろう。藤原良相の場合は交替ではなく追加補充である。その理由は天安元年二月に藤原良房が太政大臣に任じられたことにある。

太政大臣は人臣最高の官職であるが、具体的な職務はない。朝廷の模範となるのである。事実、政府の命令が太政官符として発給される際、担当責任閣僚である上卿を務めた件数を数えてみると、太政大臣に任じられた天安元年を境に藤原良房は上卿の任務を務めなくなる。

良房が太政大臣に任じられて以降、交替するように良房の弟良相が上卿を務めていく。良相は格式の編纂を発議するなど、意欲的に政務を執り行っている。先帝の事績を歴史書にまとめる事業でも、藤原良房は一線を退き、①第一大臣の枠で追加補充された良相が指揮を執ったのだろう。

仁明天皇に勧められるがままに薬を服用した良相である。良相は仁明天皇と親密であり、先帝の事績をまとめる史書編纂に力を注いだことだろう。

「応天門の変」の余波

藤原良相を支えたのが、応天門の変（八六六年）で後世に名を残した伴大納言、伴善男である。

伴善男は内裏の図書館である校書殿に宿直したことをきっかけに、学問好きな仁明天皇の知遇を得る。天皇の秘書（大内記）や政府事務局（弁官）といった要職を歴任し、藤原良房・良相兄弟とも関係は悪くはない。

古代豪族の大伴氏としては奈良時代の大伴旅人以来、大納言の要職に昇ったのは、機敏で政務に精通したと評される善男の才能が発揮されたからだろう。ただ、伴善男が世に出るきっかけは、仁明天皇の愛顧を出発点としていた。

藤原氏の兄弟と伴善男の安定した関係が変化するのは、貞観八年（八六六）閏三月一〇日に起きた応天門の焼亡をきっかけとした政変である。

当初、左大臣源信に放火の嫌疑がかけられ、右大臣藤原良相・大納言伴善男はその処断に動いていた。だが太政大臣である藤原良房にはこの動きが知らされていなかった（『日本三代実録』貞観一〇年閏一二月二八日条など）。

同年八月三日、下級役人の大宅鷹取（おおやけのたかとり）が火を放ったのは伴善男だと告発すると、かえって善男の勘問が開始され、一九日には勅によって太政大臣藤原良房に天下の政を摂行（せっこう）することが命じられた。結局、伴善男は自らの地位上昇を期待し、左大臣源信を追い落とす陰謀を企てたと認定され、伊豆に流罪となる。

いまとなっては応天門焼亡の真相を探ることはできないが、政変の結果からみると、公卿から伴善男が退けられたことになる。藤原良相は伴善男とともに動いたことを咎（とが）められてはいない。しかし一度下した裁定を否定され、以後は兄良房のもとで雌伏しなければならなかった。良相は応天門の変の翌年、兄に先んじて五五歳で生涯を閉じた。

このような政変の結果、貞観一一年（八六九）八月一四日の『続日本後紀』完成に立ち会えた撰者は、藤原良房・春澄善縄の二人だけだった。対象とした年月（仁明朝一代、一八年）、上奏した撰者（藤原良房・春澄善縄）、ともに小さくまとまった第四の国史『続日本後紀』の完成である。

学者の可能性——学歴貴族、春澄善縄の場合

ここで藤原良房とともに『続日本後紀』の完成に立ち会った学者の春澄善縄(はるずみのよしただ)にも触れておきたい。

善縄は斉衡二年（八五五）から貞観一一年（八六九）まで、終始『続日本後紀』の編纂に関わった。貞観九年に藤原良相が死去して以降、撰者は太政大臣の藤原良房と善縄の二人だけであり、『続日本後紀』の叙述には善縄の性向が反映されていると説く研究者もある。

春澄善縄は有力貴族ではない。伊勢国員弁(いなべ)郡の郡司の家柄から立身した学者である。幼い善縄が聡明であることを見抜いた祖父が財産を傾けて支援し、高等教育と官僚養成を行っていた平安京の大学(だいがく)に入学させた。善縄は難関である文人の官吏任用試験、方略試(ほうりゃくし)にも合格し、少内記(しょうないき)に抜擢された。

内記は詔勅の起草をする天皇の秘書官であり、文章道(もんじょうどう)出身の学者が任用される栄達の官職である。淳和天皇は、すでに学者として将来を嘱望(しょくぼう)されていた善縄のために、空席になった内記の補充を行わずに合格を待っていたという。まだこの時代は、家柄とは関係なく学問によって朝廷で立身する道が開かれていたのだ。

この後、善縄は淳和天皇の息子で皇太子の恒貞(つねさだ)親王の東宮学士に任じられ、順調な官途を歩んでいた。ところが承和九年（八四二）七月、恒貞親王が皇太子を廃される政変が起きる。

平穏な宮廷の記録である『続日本後紀』では、この承和九年の政変が大きな出来事であるが、淡々と処罰を受けた二八名あまりの人名を列挙していく。政変の詳細は省略するが、『続日本後紀』には「学士春澄宿禰善縄を周防権守（すおうのごんのかみ）と為す」と、善縄自身の左遷処分が記されている（承和九年七月二六日条）。

ただ政変での処罰が善縄の官歴に後れをもたらした形跡はない。善縄はいちはやく復帰し、翌年二月には文章博士（もんじょうはかせ）に任じられた。復帰後は『荘子』『漢書』『文選』『晋書』を仁明・文徳二代の天皇に進講し、大学寮では『後漢書』の講義を持った。講じた古典には中国の正史（『漢書』『後漢書』『晋書』）があり、仁明天皇の好んだ『荘子』がある。後年、善縄が史書編纂の撰者に選ばれたのは、このような実績が評価されたはずである。

『続日本後紀』の編纂が進んでいた貞観二年（八六〇）には、文章博士経験者で初めて参議に任じられ、国政を審議する資格を与えられた。『日本三代実録』によれば、善縄は無骨で話し下手なうえに慎み深く、自分の長所を人に押しつけることをしないという人物評である。他の名門出身者に混じって政務を論じたとは考えられない。あくまで善縄の本領は学問にあった。後世、春澄善縄は「在朝の通儒」と讃えられている（『日本三代実録』元慶（がんぎょう）四年〈八八〇〉八月三〇日条）。

ところで『続日本後紀』は、宮廷で行われた詩宴について、そのときに出された詩題を書きとめている。これは他の六国史にはない特徴である。

天皇が仁寿殿で内宴を行われた。「花の欄に鶯を聞く」の題で詩を賦させた。詩を献じた大臣以下に綿を賜った。（『続日本後紀』承和四年〈八三七〉正月甲申〈二〇日〉条）

重陽節である。天皇が紫宸殿にお出ましになり、公卿及び文人に宴を設けられたことはいつものとおりである。是の日、同じく「雨、白菊を洗う」との題で詩を賦し、天皇が作った漢詩に応じた。宴が終わって禄を賜った。

（同　嘉祥元年〈八四八〉九月乙丑〈九日〉条）

正月二一日頃の内宴、九月九日の重陽は文人にとっての晴れ舞台である。文事に心を寄せ、天皇自らも漢詩を作った仁明朝のよき面影として、史書に詩題まで掲載したのは、あるいは文章博士春澄善縄の意かもしれない。

国史編纂に関わった文章博士の系譜は、春澄善縄（『続日本後紀』）、都良香（『日本文徳天皇実録』)、菅原道真(『日本三代実録』)と辿ることができる。彼らは任用試験である方略試の問答博士(試験官)と文章得業生(受験学生)の関係でもある。

ちなみに方略試は、学問によって任用資格を問う最高試験で、該当者がいれば実施される。試験の方法は二題の設問に対し、漢文による答案(対策)を提出することになっていた。方略試をめぐる春澄善縄、都良香、菅原道真三人の関係は、次のように整理できる。

「神仙」「漏剋」
問答・春澄善縄　対策・都良香
「氏族を明らかにす」「地震を弁う」
問答・都良香　対策・菅原道真

九世紀の日本では文章博士を養成する制度は機能していた。知識の継承が行われ、漢文による歴史の編纂が続いたのだ。またそれだけ文章博士に対する期待も高かった。

『続日本後紀』が完成した翌年、春澄善縄は従三位に叙された。病に臥し臨終に迫る状態で、特別なはからいで叙位されたのである。太政大臣の藤原良房は自分の朝服を脱いで善縄の体にかぶせ、人びとは栄誉なことだと讃えた(『日本三代実録』貞観一二年〈八七〇〉二月七日条)。

このとき、承和の変、応天門の変を乗り越えて位人臣を極めた良房は六七歳、長きにわたった編纂事業を共にした大学者の善縄を労ったのであろう。同じ月に善縄は七四歳で世を去った。

2 摂関政治への傾斜——『日本文徳天皇実録』

全一〇巻、最少の記録

文徳天皇（八二七—八五八）は二四歳で即位し、在位は九年に及んだ。その期間、嘉祥三年（八五〇）三月二五日から天安二年（八五八）九月六日までの記録が第五の国史『日本文徳天皇実録』である。全一〇巻は六国史のなかで最も小部である。規模が小さい分編集が丁寧で、官人の死没は五位以上すべてを採録している。従来は四位以上に限られていたものである。

『日本文徳天皇実録』序による編纂の経緯は次のようなものである。

貞観一三年（八七一）、清和天皇は藤原基経、南淵年名、大江音人、善淵愛成、都言道（良香）、嶋田良臣の六名に詔を下し、以前の国史にならって父文徳天皇の事績を史書にまとめるように命じた。ところが八七六年に清和が皇太子（陽成天皇）に譲位したため、編纂事業が休止する。

陽成天皇はあらためて事業再開を督促したが、南淵年名・大江音人が相次いで死去した。そこで元慶二年（八七八）、藤原基経、菅原是善に編纂を命じ、都良香（もと言道）、嶋田良臣を撰者に加えて事業を再開させた。

とりわけ都良香は精魂を傾けて作業を進めたが、不幸にも完成前に死去、残された者が元慶三年一一月一三日に『日本文徳天皇実録』を上表した。

この序文は「臣基経らひそかに惟るに」と書き始められているが、実際は『日本文徳天皇実録』撰者のひとり菅原是善が子の道真に作らせたものである。道真が自分の漢詩文をまとめた『菅家文草』に「日本文徳天皇実録序」が収載され、「家君〔自分の父〕の命令で作成したものである」との断りを加えていることでわかる。

『日本文徳天皇実録』が完成した元慶三年一一月当時、菅原道真は三五歳で式部少輔兼文章博士、すでに実績十分であった。父是善は六八歳、学問の家の伝統を受け継ぐ息子に、国史の序文を作成する栄誉を託したのだ。

司馬遷という目標——菅原道真による序文代作

『日本文徳天皇実録』の序文には次のようなくだりもある。

わたくしどもは、生まれつきの性質は遠く司馬遷に及ばず、血筋も班固ではありません。特に恐れていますのは、「疑問のあることがらは記さない」との聖人の訓えに背いてはいないか、事実をそのままに記したことで明君の治世を辱しめることはなかったか、ということです。

『史記』の司馬遷、『漢書』の班固といった大歴史家を意識しながら、われわれ『日本文徳天皇実録』を編んだ史臣は、とてもそれには及びませんが、と謙遜してみせる。これは日本の勅撰史書序文ではありふれた手法である。また『史記』と『漢書』は、当時の日本ではよく読まれた中国史書であった。

道真は二七歳で『漢書』を講義し、司馬遷を詩に詠んでいる（『菅家文草』第一）。

少かりし日　纔に古文を誦むことを知れり
何ぞ図らむ　祖業　相分るることを得ることを
毎に思う　劉向が良史と称えることを
再拝す　龍門一片の雲

（〔司馬遷は〕少年の日に、ようやく古文で書かれた書物を読むことができた。〔彼の〕祖先は諸国に分かれ業務もまちまちであったのは、意外なことだ。漢の劉向が『史記』を「良い歴史書だ」と讃えたことを思わずにいられない。はるかなる龍門〔司馬遷の出身地〕を拝礼すれば、一片の雲がたなびいている）

龍門の雲に喩えられた司馬遷は、紀伝（本紀・列伝）の研究をする儒士として朝廷に仕え、『日本文徳天皇実録』、やがては『日本三代実録』の編纂に関わる菅原道真にとって、やはり目標とすべき歴史家だった。

さて、『日本文徳天皇実録』は誰の意思によって編纂されたのだろう。序文がいうように貞観一三年（八七一）に編纂を開始したのであれば、清和天皇は二二歳、この年二月に紫宸殿に出御し、初めて政務を処理した。親政の開始にあたって、父である文徳天皇の事績を史書にまとめようとしたことは十分あり得る。

代替わりがあって元慶二年（八七八）に編纂事業が再開されたが、この年、「今上」とある陽成天皇は一一歳の幼童である。事業再開は譲位した清和太上天皇、もしくは摂政として天皇を輔佐していた藤原基経の意向と考えるのが穏当である。

平安期の日常的な政務――天皇不在と陣定

ところで平安期の宮廷では、どのように政務が行われていたのであろうか。六国史を繙きながら九世紀まで進んできたが、ここで『日本文徳天皇実録』当時の政務について触れておこう。

奈良時代以来、日常の政務形態は「朝政（ちょうせい）」であった。朝政とは、位階・官職を持つ官人が早朝より出勤し、朝堂（ちょうどう）（大極殿（だいごくでん）の前に広がる空間に建ち並ぶ庁舎）で政務を処理することである。国政を担当する太政官の幹部・議政官（公卿）はもちろん、天皇もまた毎朝大極殿に出御し、公卿たちの協議に臨席するのである。これが建て前である。

この建て前は早くから儀式化し、平安期には天皇の日常政務は居住区の内裏（だいり）で行われた。代わって実質的な国政会議となるのは、天皇の参加がない「陣定（じんのさだめ）」であった。左右の近衛（このえ）府（ふ）が警護する「陣（じん）」に座席を設け、公卿が参会して合議するためにこの名がある。

陣定は行政上のさまざまな案件を議題にし、天皇の仰せを受けて担当公卿（上卿（しょうけい））が主宰、下位の公卿から順に意見を述べる。そこで出た意見は「定文（さだめぶみ）」にまとめられて天皇に報告された。天皇や摂政・関白は報告を受けて最終的な採否を決定するのみである。

文徳期の画期――政務の転換がみえる

では、陣定のような政務のあり方はいつから始まったのであろう。平安の儀式書『西宮記』では、延喜一六年（九一六）一二月に行幸の日時を定めたのが陣定の初めとする。しかし史料上確認されるのはもっと早い。

> 公卿が外記候庁で政を聴いた。文徳天皇が崩御された後からは、近衛の陣頭で弁官の申政を聴いてきた。今日はじめて通常の儀に戻したのである。
>
> （『日本三代実録』天安二年〈八五八〉一二月一三日庚子条）

右に挙げた『日本三代実録』は、「公卿が外記候庁で政を聴いた」までが一二月一三日の記事で、以後は『日本三代実録』撰者が「政」の沿革を解説した部分である。これにより文徳天皇が崩御してから近衛の陣で政務が行われていたことがわかる。

六国史は恒例のことを記載対象としない。そのため、陣定のような日常の政務がいつまでさかのぼるのか、史書の記事から確定することは難しい。ただここで文徳天皇の名が挙がることは注意したい。

二二歳になった清和天皇が初めて政務を処理したと記す『日本三代実録』貞観一三年（八七一）二月一四日庚寅条でも、「承和より以前には皇帝が紫宸殿に御して政務をお執りになられたが、仁寿以降は絶えてなかったことである」との解説が付く。「仁寿」は文徳天皇の年号（八五一～八五四）である。天皇が内裏正殿へ出御せず、別に協議した公卿たちの結果報告を受けるようになるのは、文徳天皇の頃からなのだろう。

政務の場となった近衛の陣とは、武官の近衛だけではなく公卿や太政官事務局の書記たちを含む内裏出勤者の「たまり場」である。やがてそこが合議の場になっていった。密な人間関係で成り立つ宮廷社会だからこそであろう。病気がちな文徳天皇の不在は、結果として天皇抜きの政務運用を促し、やがては幼少天皇の出現を可能としたのだ。

政治史上の文徳朝とは、藤原氏北家の当主が摂政・関白に任じられて国政の実権を握る摂関政治への流れのうえで、政務の方式が転換したときである。

文徳天皇自身は政務に関心があったのだが、健康が許さなかった。『日本文徳天皇実録』の天皇評は、次のようなものである。

文徳天皇は、初め即位されてから、心を政事に寄せてこられた。人となりはたいへんに明察で、よく人の偽りを知っておられた。またお体は病弱で、しきりに政務を休まれた。時を得られたのは長くなく、在位の期間は短いものであった。天が命を降すことには、おそらく数［さだめ］があるのではないか。崩御された時の春秋は三二歳であらせられた。

（『日本文徳天皇実録』天安二年九月甲子〈六日〉条）

内裏に入らない文徳天皇

さて、文徳天皇評で気になるのは、健康不安があって「万機を廃す」、つまり天皇としての政務を行えなかったと振り返る点である。このことを別の面から確かめておこう。『日本文徳天皇実録』から文徳天皇の動向を辿ると、在位中ついに内裏に参入することがなかった。

〔文徳天皇は〕しばらくして輦車に乗られ、東宮雅院に移御された。

（『日本文徳天皇実録』嘉祥三年〈八五〇〉三月己亥〈二一日〉）

文徳天皇は東宮から梨下院に移幸された。この院は先代の別館で、左近衛府の西に所在する。

（同　仁寿三年〈八五三〉二月庚辰〈一四日〉）

文徳天皇は梨下院から冷然院に移御された。五位以上でお供をした者には、釣台で宴を設けられた。

（同　斉衡元年〈八五四〉四月丁卯〈一三日〉）

最初の史料の「東宮雅院」は内裏の東側にあった皇太子の住まい、次の史料に出る「梨下院」は内裏の北東にあった平安宮内の離宮である。最後の史料に出る「冷然院」は嵯峨太上天皇が平安宮外に営んだ離宮である。これら三件の記事を総合すると、文徳天皇は一度も平安宮内裏で執務しなかったことがわかる。

平安宮内裏は天皇が主となるべき空間である。ここで天皇が生活し、日常の執務をした。内裏は天皇常住の殿舎だけではなく、天皇を支える后妃たちの後宮を抱えている。平安宮はこれらのことを前提に設計されていた。

そのため天皇が内裏に入らないことは、一人前の天皇として政務を執ることができないと判断されても仕方がない。

この事実に注目したのが、古代・中世文化史の研究で知られる目崎徳衛である。目崎は物語や和歌を駆使し、人物研究ですぐれた洞察を発揮した。目崎は文徳天皇がついに内裏に参入しなかったことを指摘し、外戚の藤原良房に制約されて親しく政務を執ることを放棄させられたのではないかと考えた。文徳天皇が内裏に居なくても、政務に支障が出ない状況が整えられていく。

良房に遠慮して文徳天皇が実現できなかったことに皇太子問題がある。

嘉祥三年三月、文徳天皇が即位したとき、天皇の伯父で舅でもある良房は四七歳で右大臣従二位であった。同年一一月には三月に生まれたばかりの惟仁親王（のちの清和天皇）が皇太子に立てられる。すでに七歳になっていた別の皇子、惟喬親王を超えて惟仁親王が立太子したのは、良房の外孫にあたる皇子だからである。

3-1　系図／文徳天皇と摂政・関白

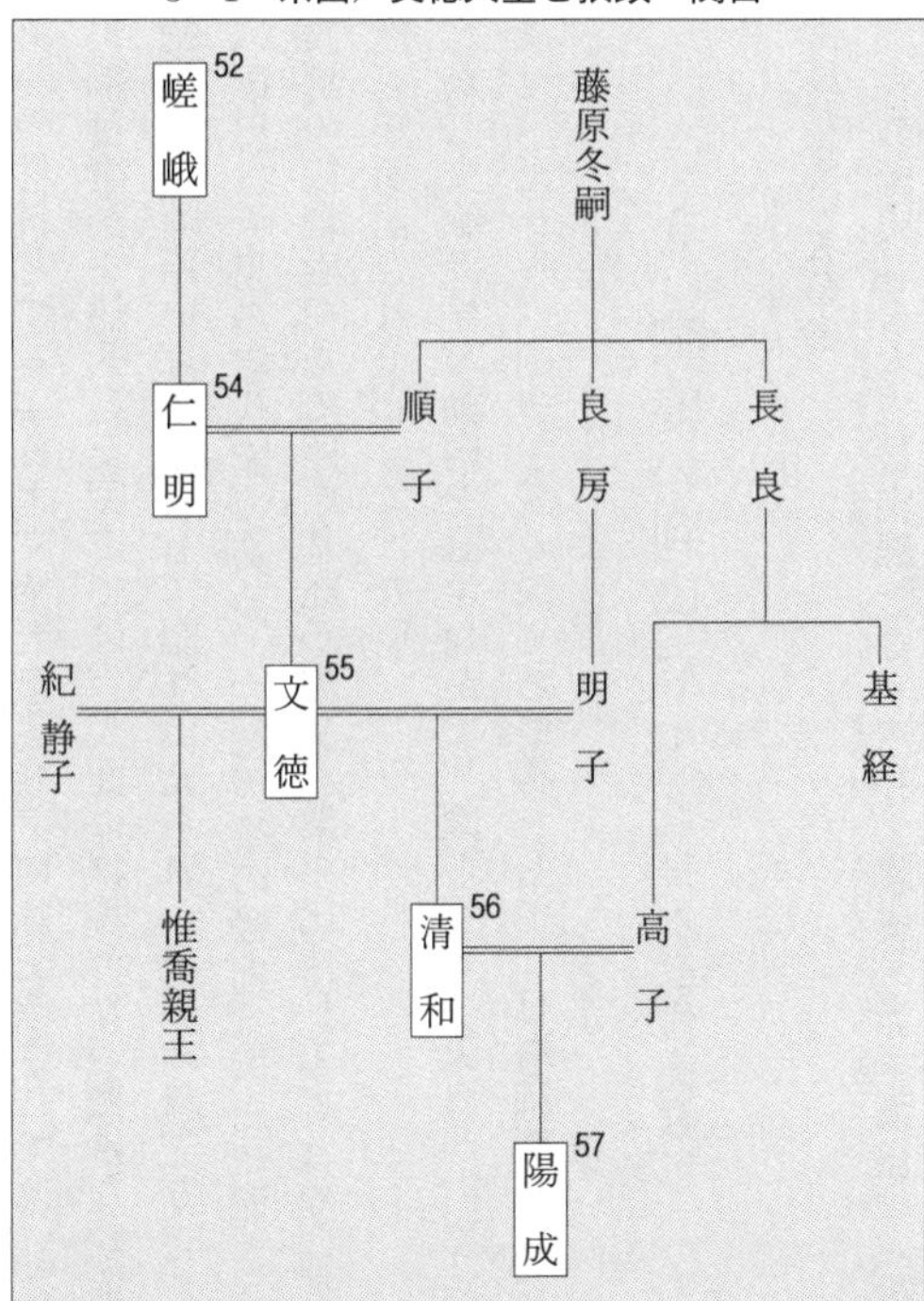

皇太子の問題は文徳天皇にとって納得できないものであった。天皇は後年まで惟喬親王立太子の道を探ったようだが、側近の源信に強く諫められ実現しなかった。これらの経緯は文書・記録

を第一の材料とする『日本文徳天皇実録』には記載されてはいない。摂関家の当主、藤原基経が編纂事業を総裁した国史では、表面には現れない微妙な政治史が書きとめられていない。文徳天皇の躊躇いは談話として語り伝えられ、貴族の日記などに書きとめられた。

六国史は天皇の年代記である。文徳天皇の動向は国史に記される。『日本文徳天皇実録』は良房の後継者である藤原基経が編纂事業を統括してまとめられた。良房と文徳天皇の意見の違いが明記されたわけではない。

しかし文徳天皇の動向を記すなかで、図らずも、天皇が内裏に参入しなかった事実は記録された。だから六国史を読み深める姿勢として、目崎徳衛が取った方法は有効なのだ。

3 国史の到達点――『日本三代実録』

密度が高い五〇巻

第六の国史『日本三代実録』は、清和・陽成・光孝天皇の三代、天安二年（八五八）八月二七日乙卯より仁和三年（八八七）八月二六日丁卯までの三〇年間を全五〇巻にまとめている。

『日本三代実録』は六国史中最大の五〇巻の巻数を誇る。一巻ごとの収録年月は平均して七

3－2　『日本三代実録』全50巻の構成

巻　数	天皇代
巻第１～29	太上天皇（清和天皇）
巻第30～44	陽成天皇（後太上天皇）
巻第45～50	光孝天皇（太上天皇）

ヵ月弱、六国史では最も詳しい。各条文で干支と日付を合わせて記したのも、国史では初めての試みである。これまでの史書編纂の経験を活かし、九年弱の編纂期間で手際よく、密度の高い国史にまとめられた。

『日本三代実録』の編纂は宇多天皇（在位八八七―八九七）によって命じられた。序文によると、大納言源能有、中納言藤原時平、参議菅原道真、大外記大蔵善行、備中掾三統理平らが最初の撰者である。その時期は明記されていないが、六国史や政府の日記などを簡略にまとめ直した歴史書『日本紀略』には、寛平四年（八九二）五月一日に国史の編纂が命じられたとの記事がある。

『日本三代実録』の撰者を眺めると、藤原氏ではなく、源能有という源氏が筆頭の撰者であることに気がつく。これまでの六国史にはなかったことである。ここに宇多天皇の狙いのひとつがあった。

源能有は文徳天皇の皇子で寛平五年には四九歳、当時左右大臣の源融・藤原良世はともに七二歳の老齢、実質的には能有が政府首班の地位にあった。後述するように、宇多天皇は即位直後に藤原基経と衝突したこともあり、基経の没後は藤原摂関家ではない公卿を登用した。

修史事業は源能有を筆頭撰者として始まった。やがて源能有は右大臣となって名実ともに公卿の首班となったが、寛平九年六月に五三歳で世を去る。宇多天皇自身も同年七月に三一歳で皇太子に譲位したため、編纂事業は仕切り直しとなった。

新たに即位した醍醐天皇（在位八九七—九三〇）は藤原時平、菅原道真、大蔵善行、三統理平に勅を下し、編纂事業を再開させた。筆頭の撰者は二七歳で大納言正三位の藤原時平。彼は藤原摂関家の若き当主である。

だが菅原道真がいわゆる昌泰の変で失脚し、撰者から外れることになる。

> 右大臣道真朝臣は、事件に連坐して左遷され、突然に大宰府に向かった。この『日本三代実録』の成立直前に及んで、罪を問われ遠くに行くことになったのである。
>
> （『日本三代実録』序）

道真の失脚は昌泰四年（九〇一）正月のことである。醍醐天皇を廃して異母弟である斉世親王を擁立しようとしたとの疑いをかけられ、大宰権帥として九州に追いやられたのだ。繰り返された平安朝の政変劇は、このときも皇位をめぐる猜疑と警戒のなかで起きた。宇多天皇の信任を背景に異例の抜擢を受けた菅原道真は、娘を斉世親王に嫁がせていた。当時

3-3　系図／『日本三代実録』の天皇と宇多・醍醐天皇

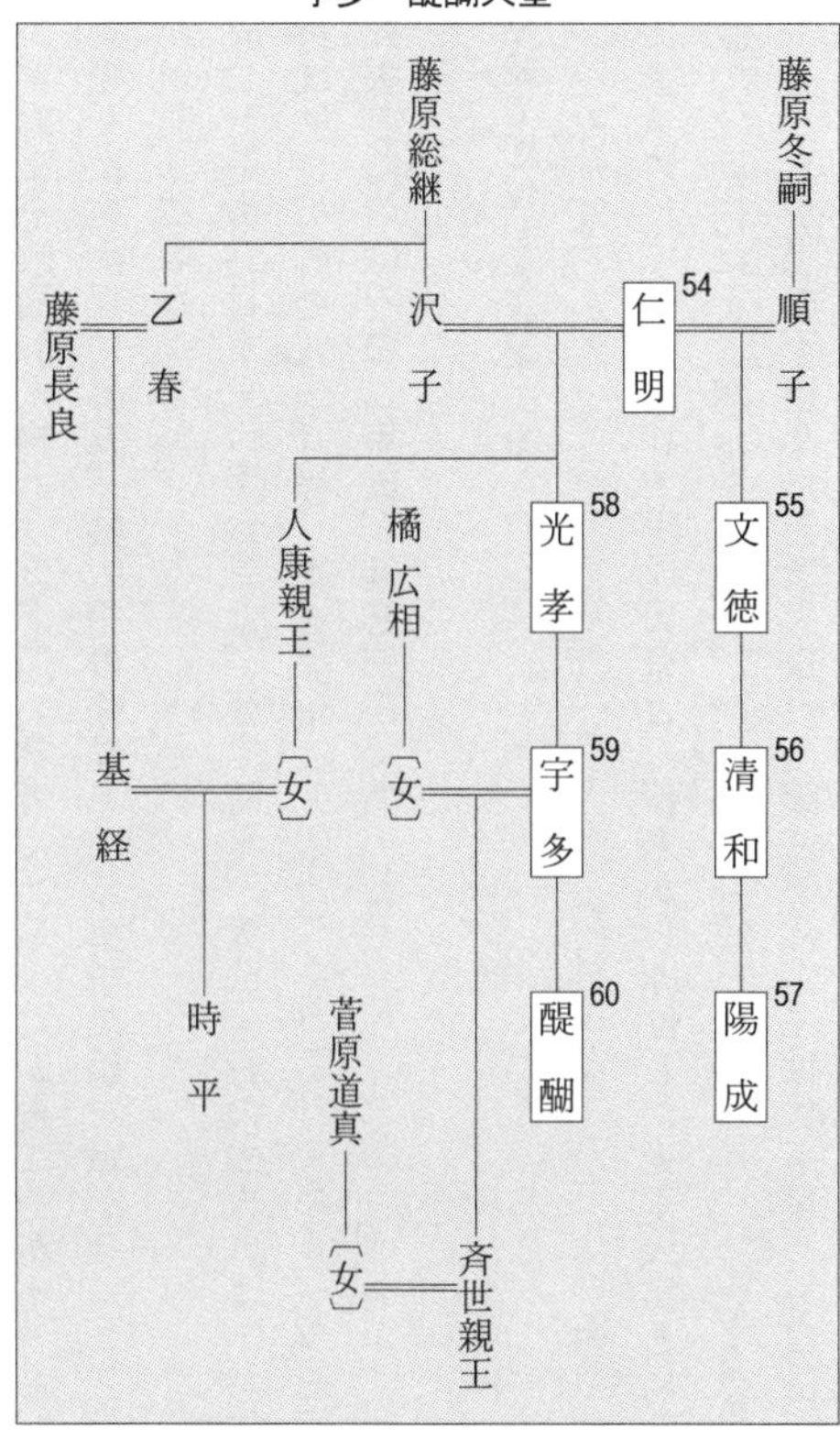

一七歳であった醍醐天皇にはまだ皇子が生まれていない。斉世親王の母は宇多天皇が「朕の博士」と呼んで信頼を寄せた中納言　橘　広相（たちばなのひろみ）の娘であった。

菅原道真の出自や経歴、行動から判断しても、この実直な学者が謀反を企てるとは到底思えない。およそ政治的人物とはほど遠い学者である。だからこそかえって、宇多法皇の信頼だけを頼りに右大臣に昇り、橘広相の孫にあたる皇子に娘を嫁がせることがどれほど危険であるかが見えていなかった。

完成した史書『日本三代実録』は、藤原時平、大蔵善行の二人によって奏上された。序文の日付は道真失脚の八ヵ月後、延喜元年（九〇一）八月二日である。菅原道真が任地の大宰府で死去したのはその二年後、延喜三年であった。

逆相続で即位した光孝天皇

系図をみればわかるように、『日本三代実録』が対象とする三代の天皇は、仁明天皇以来直系で継承されてきた清和・陽成天皇と、傍系から即位した光孝天皇とに分かれる。

儒教では世代による継承を重視し、逆相続（世代をさかのぼって地位を継承すること）を避ける。ところが陽成天皇から光孝天皇への譲位では、二世代も戻して皇位が継承された。思いもかけない事件によって陽成天皇が退位したからである。

元慶七年（八八三）一一月、殿上で陽成天皇の乳兄弟、源益が殴り殺される事件が起きた。一一月は朝廷の神事が多い月なのだが、死の穢によって恒例の祭祀はすべて停止となる。

この不祥事について『日本三代実録』の口は堅く、誰が源益を殺害したのかを語らない。

やがて太政大臣藤原基経(もとつね)が事態の収拾に乗り出し、陽成天皇は病気を理由に退位を表明する。天皇は一六歳、事件の前年に元服したばかりであった。

年は変わって元慶八年二月、親王・公卿らは皇室の長老、時康(ときやす)親王に即位の要請をした。光孝天皇となる親王はこのとき五五歳である。

光孝天皇を擁立した公卿で最も力のあったのは藤原基経である。陽成天皇の退位にみるように、君主の廃立を行うことができる基経に擁立された光孝天皇の基経への気遣いは尋常でなかった。

即位直後の光孝天皇は基経にふたつの配慮を示した。

ひとつは元慶八年五月九日の勅で、各分野の専門家に対し太政大臣の職務内容について意見を求めた。これは具体的な職務がないとされる太政大臣の地位を見直し、引き続き藤原基経が執政できるよう意思を表明したのである。

さっそく五月二九日より太政大臣が実務に携わることは問題がないとする答申が寄せられた。なかには菅原道真、大蔵善行といった『日本三代実録』を編纂することになる学者の名前もみえる。

もうひとつは元慶八年四月一三日の勅である。光孝天皇は伊勢斎宮(さいくう)・賀茂(かも)斎院(さいいん)となる二人の皇女を除き、子女全員に朝臣の姓(かばね)を賜うことを布告した。朝臣の姓を与えられれば、皇族ではなくなる。自分の子供を臣下に降すことで、子孫に皇位を伝える意思がないことを表明したのである。五五歳の天皇が一代限りの中継ぎに徹することの宣言である。

これを受けて同年六月二日に臣下となった男女二九人のなかには、源定省、のちの宇多天皇もいた。

六国史、最後の記述

太政大臣の職務が確定し、皇子女を臣籍降下させる手続きを踏んだ後、光孝天皇は藤原基経に政治を委ねる命令を出す。

> 大臣〔藤原基経〕の功績はすでに高く、いにしえの伊・霍の臣よりも、〔基経の〕祖である淡海公〔藤原不比等〕や叔父である美濃公〔藤原良房〕よりもまさっている。朕は〔基経への〕褒賞を審議しようとしたが、大臣は平素よりへりくだる心を抱き、必ず固辞し、政務が滞るのではないかと思い、本官〔太政大臣〕の任で職務を行わせようと思った。担当の役所に調査させたところ、太政大臣の職務は「師範となり天皇を教え導く」だけではないとの回答であった。……〔基経は〕今日からは太政官庁に出勤してすべての政治を行い、内裏に入っては朕の身を輔佐し、内裏から出てはすべての官人を統括せよ。

> 天皇に報告すべき事、天皇が命令すべき事、これらは必ず先ず〔基経に〕意見を求めて討議せよ。朕は何もせず、順調に政務が進むのをみようではないか。
>
> （『日本三代実録』元慶八年六月五日甲午条）

「伊・霍の臣」とは、中国の歴史上の名宰相、殷の伊尹と漢の霍光である。藤原不比等・良房とともに歴史上の名臣の名を挙げ、基経に対し、ほとんど全権を委ねるかのような待遇を約束したのである。

藤原基経はこのような周到な配慮を受け入れ、光孝天皇の輔佐を行った。光孝天皇の在位は四年に過ぎなかったが、『日本三代実録』ではしきりに紫宸殿へ出御して政務を執ったことが記され、仁明天皇以来の儀式が復活したと讃えられたように、着実に実績を残した。

藤原基経と光孝天皇は母同士が姉妹、つまりいとこの関係である。天皇と摂関の人物伝で歴史を描いた『大鏡』は、基経と天皇が子供の頃から親しい間柄であったとする（一五一頁の系図参照）。

『日本三代実録』には光孝天皇の人柄が次のように紹介されている。

> 光孝天皇は幼いときから聡明で、好んで経書や史書を読まれた。容貌や振る舞いが優れ、

へりくだりうやうやしくなごやかで、慈しみの心がひろく、家族を親愛された。人となりは風流が多く、特に人事に長けておられた。（『日本三代実録』光孝天皇即位前紀）

『日本三代実録』は光孝の子や孫が編んだ史書であるから、贔屓目があるだろう。それでも「風流」を裏付ける穏やかな和歌が残り、権臣藤原基経に対して配慮を重ねた「人事」をみるとき、『日本三代実録』の光孝天皇評は適切といえる。

光孝天皇の後継者問題は、仁和三年（八八七）に入って動き出す。八月二二日、藤原基経以下の公卿が皇太子を立てることを要請した。それを受けた天皇は詔で「朕の子供たちはみな臣籍に降下している」「いま閣僚らの道理にかなった言葉に驚いている」といいながら、「第七息定省」を特別に可愛がっていると漏らし、二五日、まずは親王に復帰させた。

そして翌日二六日、定省親王が皇太子に立てられたその日に、光孝天皇は五八歳で崩御した。光孝天皇の崩御が『日本三代実録』の最後の記事、したがって六国史の最後の記事になる。

こうして一度は源氏として臣籍にあった二一歳の皇子が天皇の位に即く。『日本三代実録』の編纂を命じることになる宇多天皇である。

宇多天皇のつまずき

宇多天皇は日記『寛平御記』を残している。現存するものとしては、最古の天皇の日記である。

『寛平御記』には非日常の漢語が多く使用され、中国古典文への志向が特徴という（佐藤全敏「宇多天皇の文体」）。漢籍に通じた宇多天皇の才能がうかがえる。このような傾向は、橘広相や菅原道真などの学者を側近として重用した天皇の個性に通じるものだ。

日記の書きぶりや即位後の行動から推測すれば、宇多天皇は父と違って率直な性向のようである。政治にも意欲的で、即位した年の二月以降、中堅の官僚たちから意見を聴取し、親政に取り組んでいる。とりわけ新帝が信任したのは、即位前から仕えてきた橘広相であった。

当時、朝廷で存在感を誇っていたのは藤原基経である。基経は宇多天皇の即位に賛成ではなかったらしい。菅原道真が聞いた噂によると、光孝天皇はかねてから宇多を太子に立てようとしていたのに、基経は手続きを怠っていたという。

このことを知ってか知らずか、宇多天皇は藤原基経の輔佐を期待し、即位早々の勅で政務を委任した。

すべての政務の大きなことと小さなことや、すべての官僚を統括することは、みな太政大臣〔藤原基経〕に関白し、その後で奏下せよ。

（『日本紀略』仁和三年〈八八七〉一一月二一日条）

ちなみにこれが「関白」の起源である。「関白」とは、『漢書』霍光伝にある「諸事みな先に光に関白し、然る後に天子に奏御す」に典拠を持つ語である。

この後、天皇と基経の間で形式的な辞退・要請が繰り返されるが、橘広相が起草した勅答に「よろしく阿衡の任を以て、卿の任となすべし」とあったことが問題となった。「阿衡」とは、政治に関与せず実権のない礼遇だと唱える学者が現れ、それを聞いた基経は政務を放棄して私邸に閉じこもる。公卿らも追従し、日常の政務が滞ってしまったのだ。

阿衡の事件をめぐってはさまざまに解釈があるが、結局、藤原基経から新帝とその側近に対する示威であったとみるのが真相だろう。

語義にこだわるなら、「阿衡」は殷の賢臣伊尹の称号であり、先に挙げた『日本三代実録』元慶八年（八八四）六月五日甲午条にも「いにしえの伊・霍の臣よりも、祖である藤原不比等や叔父である藤原良房よりもまさっている」とあった。光孝天皇の勅は受け入れても、宇多天皇の勅には反発するのは、「阿衡」の語義や職務内容に論点があるのではないからだ。権臣と新帝の間にまだ信頼感がない段階で、独自の動きをみせる新帝とその側近に対し、藤原基経が公卿を束ねて一撃を加えたとみるべきである。

宇多天皇はこれに屈服した。結局、「朕の博士」と信任する橘広相の非を認め、阿衡の詔を撤回したのである。天皇は仁和四年六月三日の日記に「芒刺（とげ）〔トゲのようにめざわりなもの〕のことなど知ったことではない」「濁（にご）った世のことなど知ったことではない」と憤りを記す。

事件の後、橘広相は寛平二年（八九〇）五月に五四歳、藤原基経は同三年正月に五六歳で死去した。『日本紀略』のいうように『日本三代実録』の編纂が寛平四年五月に始まったとなると、宇多天皇にとって関白基経という「芒刺」がなくなった段階で、歴史書の編纂に乗り出したことになる。

これまでの国史編纂では、『日本後紀』の藤原冬嗣、『続日本後紀』の藤原良房、『日本文徳天皇実録』の藤原基経と、藤原氏が筆頭の撰者を務めてきた。これらの実績をあえて無視し、本節冒頭に記したように、源能有を筆頭の撰者に選んだことに宇多天皇の強い意思が感じられる。

廃帝、陽成太上天皇

もうひとつ、宇多天皇が史書編纂にこだわらなければならない背景があった。それは陽成太上天皇の存在である。

『日本三代実録』は陽成天皇の退位について、詳細を記すことを避けていた。表面上、病気によって陽成天皇が退位したとしか述べていない。その真相を確かめておきたい。鍵となるのは「関白」の典拠である。

先に『日本三代実録』元慶八年（八八四）六月五日甲午条を挙げ、光孝天皇が藤原基経に対して「伊・霍の臣」の語を持ち出して政治を委任したことを紹介した。伊尹（いいん）と霍光（かくこう）は君主を補佐した名宰相であるけれども、ともに不適格と判断した君主を廃している。特に前漢の大将軍霍光は、自分が迎えた皇帝をわずか二七日で廃するほどの権勢を誇った。「芒刺（ぼうし）背（はい）に在（あ）り」（トゲを背負っている）とは、霍光を恐れ憚った皇帝の感想である。廃立自在の権臣は決して手放しで賞賛された名臣ではない。

『日本三代実録』が掲載した光孝天皇の勅に「伊・霍の臣」とある以上、実は執政の臣基経が不行跡を原因として陽成天皇を廃したといっているに等しい。天皇は源益の死亡に責任があったのだろう。

退位後に奔放な行動をとる陽成太上天皇に対し、宇多天皇の視線は厳しい。宇多天皇の日記『寛平御記』には、陽成に対する多くの批判が残されている。「この人のわざわいは世間に満ちている」「悪い君主は国にとって無益である」といった言葉からは、宇多が陽成を気にかけ、対抗意識を持っていたことさえ感じさせる。

退位させられた陽成太上天皇と宇多天皇との年齢差は、陽成が一歳年下に過ぎない。宇多が二一歳で即位したとき、二〇歳の陽成は馬を駆って人家に踏み込むなどの粗暴な振る舞いで話題になっていた。同世代であるがゆえの意識は、二人、さらには二つの皇統で対立の意識を生んだことだろう。

陽成太上天皇側の言葉は『大鏡』に残されている。


この帝〔宇多天皇〕が源氏になっておられたことは、世間ではよく知られていなかったのか、「王侍従（おうじじゅう）」と申しあげていたそうです。陽成天皇の時代には殿上人（てんじょうびと）で、神社への行幸などでは舞人などをお務めになりました。即位して天皇となられてから陽成院（ようぜいいん）〔陽成太上天皇の住まい〕の前を通って行幸なさったとき、〔陽成太上天皇は〕「今の天皇は、家来だったあいつじゃないか」とおっしゃられたそうです。

これほど立派な家来を持った天皇もめったにないことですね。

（『大鏡』宇多天皇）


物語であるから、このような発言が実際にあったのかを確かめることはできない。ただ『大鏡』は、史書には決して記されることのない興味・関心をうまくすくい上げている。

宇多・醍醐二代の天皇にしてみれば、傍系から皇位を継いだのであるから、以前の皇統とは違うよき天皇として実績を示す必要に迫られた。醍醐朝には勅撰で法典の『延喜式』や和歌集の『古今和歌集』がまとめられ、のちには聖代(せいだい)(すぐれた天子が治める、めでたい時代)と理想化された。歴史書『日本三代実録』はこの時代に完成したのである。

法典・和歌集・歴史書は、宇多・醍醐二代にとって重い意味を持つ文化事業である。特に史書を編むことは、歴史像・歴史評価を示すことである。

『日本三代実録』は陽成天皇の退位について、表面上は病によって退位したかのように淡々と推移を書き記すのみである。しかし、延喜の宮廷ではなぜ陽成天皇が退位したのかは知られていたことだろう。知っていてもあからさまに記すことはできない。『日本三代実録』が完成した延喜元年(九〇一)、陽成太上天皇は三四歳で存命である。

その一方で、現在の天皇の祖父にあたる光孝天皇が藤原基経によって擁立され、光孝の子である宇多天皇が皇太子に指名されたことは、記載しなければならない。群臣が賛同し、正統な手続きによって現在の天皇が皇位を継承したことは、天皇の年代記である六国史が記すべき最優先の事項である。『日本三代実録』は詔勅(天皇が出した命令)や上表(臣下が奉った文書)を原文で掲載し、そのことによって状況の推移を語らせている。

変わる六国史の編纂方針

詔勅や上表をなるべく原文のままで掲載するのは、『日本三代実録』の特徴である。それが詳細な記事につながった。

同じように『日本三代実録』は、年中行事を記事にすることに熱心である。それまでの六国史では、恒例の行事や日常の些細(ささい)なことは掲載しない方針であった。勅撰でまとめられた国史は単なる日常の記録ではなく、後代へ残す鑑戒(かんかい)(戒めとすべき手本)なのだという自負があったからだろう。恒例の行事では朝賀(ちょうが)(正月一日に群臣が参集し、天皇を拝賀する)のみが、必ず六国史に掲載される儀式だった。だが『日本三代実録』は、朝賀以外の年中行事についても採録している。

『日本三代実録』序文をみると「臨時の行事で実際に行われたものは、凡例を示してこれがあったことを標示した」と明言する。このような方針のため記事が詳しくなり、全体の分量が増えたのである。六国史のなかで編纂の方針が変化したのだ。

『日本三代実録』での変化は、年中行事に対する考えが変わったことを意味する。九世紀後半の宮廷では、定められた儀式行事を大過なく行うことが重視された。

たとえば、仁和元年(八八五)五月に藤原基経が光孝天皇に対し「年中行事障子(ねんじゅうぎょうじのしょうじ)」を献上している。この障子は表裏に一年の行事を書いた衝立(ついたて)で、天皇が日常を過ごす清涼殿(せいりょうでん)

の落板敷に立てられた。平安の宮廷では、時節に従って恒例の行事を充実させることは、天皇の大切な課題であった。このような年中行事の重視が史書にも影響し、『日本三代実録』

は行事の有無までを記すようになったのだ。

『類聚国史』の編纂——歴史の分類へ

平安中期になり、まとめられた六国史はどのように読まれていたのだろうか。歴史書であるので、過去の出来事の記録であり、天皇歴代の動静を知ることが第一である。それとは別に、政務や行事を行う際に、先例を参照する手引きとしても用いられた。過去を省察し現代や未来を考えるための手本ではなく、日常業務のための記録として六国史が利用された。

実は『日本三代実録』の編纂と並行して、それまでの国史の記事を内容ごとに分類する作業が進行していた。寛平四年(八九二)に完成したとされる『類聚国史』の編纂である。この命を受けたのは菅原道真である。

道真の文集『菅家文草』に収められた寛平五年正月の若菜の詩には、「宇多天皇がわたくし道真に、旧史の分類を命じられた」との序がある。これが六国史の分類作業を伝えたものである。

「旧史の分類」とは、具体的にはどのようなことか。

『日本書紀』より『日本文徳天皇実録』までを対象に、記事の一条一条を「情報」として扱い、神祇・帝王・後宮・音楽・歳時・政理・刑法・職官・文部・田地・祥瑞（しょうずい）・災異・仏道・風俗・殊俗など、項目ごとに分類することである。このような編集を「類聚（るいじゅう）」や「部類（ぶるい）」と呼ぶ。

当時書物は写本であり、巻子（かんず）（巻物）の体裁であったから、六国史の類聚には相当な労力を要した。それでも『類聚国史』は原文を厳密に引用し、関連項目があれば表示し、その体裁は一貫したものである。もとは二〇〇巻あったとされるが、六二巻がいまに伝わる。

菅原道真の失脚後に完成する『日本三代実録』についても、その条文が『類聚国史』に入っている。これははたして道真が分類したのか、あるいは後人の増補であるかが現在まで議論されてきた。『類聚国史』の一貫した分類体系を根拠に、大勢は道真が失脚前に『日本三代実録』を分類したとの結論に傾いている。

そうであれば、一方で『日本三代実録』の編纂が行われ、他方で六国史の分類が進行し、双方に菅原道真が関与していたことになる。修史と類聚――菅原道真は時代が要請するふたつの課題に応えたのだ。

巻一 神祇一	巻二 神祇二	巻三 神祇三	巻四 神祇四	巻五 神祇五	巻六 神祇六	巻七 神祇七	巻八 神祇八	巻九 神祇九	巻一〇 神祇一〇
巻一一 神祇一一	巻一二 神祇一二	巻一三 神祇一三	巻一四 神祇一四	巻一五 神祇一五	巻一六 神祇一六	巻一七 神祇一七	巻一八 神祇一八	巻一九 神祇一九	巻二〇 神祇二〇
巻二一 帝王一	巻二二 帝王二	巻二三 帝王三	巻二四 帝王四	巻二五 帝王五	巻二六 帝王六	巻二七 帝王七	巻二八 帝王八	巻二九 帝王九	巻三〇 帝王一〇
巻三一 帝王一一	巻三二 帝王一二	巻三三 帝王一三	巻三四 帝王一四	巻三五 帝王一五	巻三六 帝王一六	巻三七 皇后一	巻三八 皇后二	巻三九 皇后三	巻四〇 後宮
巻四一 東宮一	巻四二 東宮二	巻四三 東宮三	巻四四 皇親	巻四五 人一	巻四六 人二	巻四七 人三	巻四八 人四	巻四九 人五	巻五〇 人六
巻五一 人七	巻五二 人八	巻五三 人九	巻五四 人一〇	巻五五 人一一	巻五六 人一二	巻五七 人一三	巻五八 人一四	巻五九 人一五	巻六〇 人一六
巻六一 人一七	巻六二 人一八	巻六三 人一九	巻六四 人二〇	巻六五 人二一	巻六六 人二二	巻六七 人二三	巻六八 人二四	巻六九 人二五	巻七〇 歳時一
巻七一 歳時二	巻七二 歳時三	巻七三 歳時四	巻七四 歳時五	巻七五 歳時六	巻七六 歳時七	巻七七 音楽賞宴上	巻七八 賞宴下奉献	巻七九 政理一	巻八〇 政理二
巻八一 政理三	巻八二 政理四	巻八三 政理五	巻八四 政理六	巻八五 政理七	巻八六 政理八	巻八七 刑法一	巻八八 刑法二	巻八九 刑法三	巻九〇 刑法四
巻九一	巻九二	巻九三	巻九四	巻九五	巻九六 職官一	巻九七 職官二	巻九八 職官三	巻九九 職官四	巻一〇〇 職官五

3－4　『類聚国史』篇目一覧

巻一〇一 職官六	巻一一一	巻一二一	巻一三一	巻一四一	巻一五一	巻一六一	巻一七一 災異五	巻一八一 **仏道八**	巻一九一
巻一〇二 **職官七**	巻一一二	巻一二二	巻一三二	巻一四二	巻一五二	巻一六二	巻一七二 **災異六**	巻一八二 仏道九	巻一九二
巻一〇三 **職官八**	巻一一三	巻一二三	巻一三三	巻一四三	巻一五三	巻一六三	巻一七三 災異七	巻一八三 **仏道一〇**	巻一九三 殊俗□
巻一〇四 **職官九**	巻一一四	巻一二四	巻一三四	巻一四四	巻一五四	巻一六四	巻一七四 **仏道一**	巻一八四 **仏道一一**	巻一九四 殊俗□
巻一〇五 **職官一〇**	巻一一五	巻一二五	巻一三五	巻一四五	巻一五五	巻一六五	巻一七五 **仏道二**	巻一八五 仏道一二	巻一九五 **殊俗□**
巻一〇六 **職官一一**	巻一一六	巻一二六	巻一三六	巻一四六 **文部□**	巻一五六	巻一六六 **祥瑞下**	巻一七六 **仏道三**	巻一八六 仏道一三	巻一九六 **殊俗□**
巻一〇七 職官一二	巻一一七	巻一二七	巻一三七	巻一四七 文部下	巻一五七	巻一六七 災異一	巻一七七 仏道四	巻一八七 仏道一四	巻一九七 **殊俗□**
巻一〇八	巻一一八	巻一二八	巻一三八	巻一四八	巻一五八	巻一六八 **災異二**	巻一七八 仏道五	巻一八八 **仏道一五**	巻一九八 **殊俗□**
巻一〇九	巻一一九	巻一二九	巻一三九	巻一四九	巻一五九 田地上	巻一六九 **災異三**	巻一七九 仏道六	巻一八九 仏道一六	巻一九九 殊俗□
巻一一〇	巻一二〇	巻一三〇	巻一四〇	巻一五〇	巻一六〇 **田地□**	巻一七〇 災異四	巻一八〇 仏道七	巻一九〇 風俗	巻二〇〇 **殊俗□**

註記：太字は吉岡氏による部門名の推定，空欄は散逸のため部門名がわからないもの
出典：吉岡眞之「類聚国史」『国史大系書目解題』下巻（2001年，吉川弘文館）

国史編纂の終焉

個々の史書の原文を忠実に再編集したため、『類聚国史』は第2章3節で述べた『日本後紀』のように、六国史の欠失を復原する材料として大きな効果を発揮している。もちろん『類聚国史』を使った六国史の本文復原は、『類聚国史』本来の使い道ではない。宇多天皇が菅原道真に命じたのは、「旧史を分類」し、政務の参考になる便利な手引きを作ることだった。

それは国史の記事を個々の情報へと解体することでもある。

六国史ごとで対象とした時代は、天皇代ごとの区切りであって、それ自体で意味を持つものであった。『日本書紀』が持統天皇までで終わっていること、『続日本紀』が桓武天皇在位中の延暦一〇年（七九一）まで収録したこと、『続日本後紀』や『日本文徳天皇実録』が一人の天皇しか対象としないこと、これらは意味のあることである。歴史書がいつからいつまでを収録するのかは、歴史書をまとめる者による歴史意識の表明でさえある。『類聚国史』は六国史から記事を切り出し、別の体系のなかに並べ直したのだから、そもそも歴史書を編纂することとは何かが問い直される。

実は『日本三代実録』がまとめられた寛平・延喜の頃は、律令に基づく官人のあり方が転換する時期に当たっていた。律令の人事制度では、勤務日数や成績を評価して昇進が決まるはずだが、一〇世紀になると、家柄によって職歴や昇進の経路が定まり、家系ごとの専門分野が固まってくる。代々大学寮の教官に任じられた「学者」の家、菅原氏が代表である。このような傾向が強まれば、官人は朝廷の政務全体ではなく、焦点を絞った情報を求めるだろう。

『類聚国史』はそうした要請を先取りしたものであった。さらにいえば、それぞれの家系で職務上知り得たことを記録すればことがすむため、国史に代わる歴史情報として日記（古記録）が整えられ始めていく。

最後の六国史『日本三代実録』は、手際のよい編纂と詳細な内容で、八世紀以来続いてきた史書編纂の集大成といえる。最も整った『日本三代実録』をもって、勅撰による史書の編纂は終焉（しゅうえん）を迎えた。

ただし六国史のなかでも類聚できなかったものがある。『日本書紀』神代巻つまり、巻第一と巻第二である。神代巻は項目別に類聚されることなく、『類聚国史』冒頭「神祇」に神代上・神代下としてそのまま配されている。神話だけが解体を免れた。

では、以後、六国史がどのように読み継がれたのかをめぐって次章で確かめていきたい。

第4章

国史を継ぐもの

——中世、近世、近代のなかで

1　六国史後――「私撰国史」、日記による代替

『新国史』――未定稿か焼失か

本章では視点を変え、完成した六国史が辿ったその後の歩みを追ってみたい。その期間はおよそ一〇〇〇年余り、九〇一年から一九四五年までを対象にする。

延喜元年（九〇一）に完成した『日本三代実録』を最後に、勅撰によって歴史書をまとめることは途絶えた。史書編纂を打ち切る決定がなされたのではない。結果として、『日本三代実録』に続く勅撰史書が完成しなかったのである。

『日本三代実録』に続く国史をまとめる試みは行われた。宇多天皇の孫にあたる村上天皇の治政下、編集局として撰国史所が設けられ、天暦八年（九五四）には大江朝綱が別当（実務責任者）に任じられた。朝綱が死去すると、その替わりとして大江維時が別当に任じられる。

大江氏は、もとは陵墓や葬礼を職務とした古代氏族の土師氏である。大江氏は平安の宮廷では学問の分野に進出し、菅原氏と並び称された。大江朝綱は当時の宮廷で「第一の博士」と称された知識人であり、『日本三代実録』での菅原道真のような役割を期待されて国史編纂を任されたのであろう。

鎌倉期にまとめられた当時の日本の図書目録『本朝書籍目録』をみると、次のような記載がある。

『新国史』四〇巻　朝綱が著述した。あるいは清慎公〔藤原実頼〕が著述した。仁和〔宇多朝〕から延喜〔醍醐朝〕の時代までが対象である。

「清慎公」は当時の摂関、藤原実頼（九〇〇―九七〇）である。摂関家の当主が国史の編纂事業で総裁格となることは、藤原良房・基経・時平と続いてきた。『新国史』もそれにならい、藤原実頼が筆頭の編者で、編集実務は大江氏が指揮したのである。

このほか『新国史』には『続三代実録』との別称も伝わる。そうであれば、宇多・醍醐二朝に加えて朱雀天皇の時代まで含む史書であったことになる。

書名や対象とした時代にさえ異説があるのは、『新国史』が奏上されることなく、未定稿のままで残されたからだ。しかも『新国史』については、焼失してしまったとの言い伝えさえある。平安後期の大学者、大江匡房（一〇四一―一一一一）の談話を記した『江談抄』のなかに、次のような標題がある。

師平が『新国史』を焼いた事　『新国史』が失われた事

師平は、平安後期に外記（政府の書記官）を務めた中原師平である。『江談抄』には中原師平が『新国史』を焼く説話があったらしい。

外記は文書のやり取りを統括し、政務行事をまとめた日誌を外記日記として作成する。これまでの国史編纂でも外記は必ず参加していた。だから外記の中原師平と『新国史』をめぐって、何らかの因縁があったと推測できる。

しかし惜しいことに、この説話は標題だけが伝わり、肝心の本文が欠けている。

国史は日記で代替できる

摂関政治の黄金時代に在位した一条天皇（在位九八六―一〇一一）は、寛弘七年（一〇一〇）に発議し、藤原道長に対して「国史を編纂することが久しく絶えている。作り継ぐことを審議せよ」と命じたことがある。これを受けて側近が先例を調査したが、その後、具体的な動きはみられなくなる。

この時期、すでに『類聚国史』が著され、歴史書は政務運営のうえで参照される材料となっていた。天皇や貴族をはじめ、外記などの実務官僚まで、日記（記録ともいう）を残している。つまり国史を編纂しなくとも、貴族たちが個々の立場で政務の情報を手にすることが可能となったのだ。だから天皇が発議しても、国史を編む意欲は盛り上がらない。

少し時代が下るが、平安後期の右大臣藤原宗忠（一〇六二―一一四一）は、日記『中右記』のなかで、官人の死没を記すときに故人の略歴まで書く。それは六国史の薨卒伝のようである。日記の書き手、宗忠にとり、史書を書く意識で日々の日記を記すのである。

日記を素材にして史書を作ることも行われた。本書でたびたび引用した『日本紀略』は、六国史以降の部分をまとめるために、未定稿だった『新国史』や外記日記を使用した。また、平安中期から鎌倉期までのことを記した史書『百錬抄』では、源頼朝と宮廷との仲介役を務めた藤原経房（一一四三―一二〇〇）の日記『吉記』などが利用された。したがって史書と日記、ふたつの史料が持っていた機能はかぎりなく近い。

そのような状況であれば、前代にならってわざわざ国史編纂を続ける必要性は薄い。結果として、後代に伝える手本として君主の挙動を記した勅撰の歴史書は、『日本三代実録』を最後に著されることはなかった。

かつて六国史が担っていた機能は、個々の日記によって分担された。また『日本紀略』『百錬抄』のように、日記を利用した漢文の編年史書が登場する。これらは勅撰ではないため、「私撰国史」などと呼ばれる。歴史学の立場からいえば、これらが六国史を継ぐ編纂文献である。

『源氏物語』が歴史書という認識

ところが別に、平安中期以降に登場した仮名による文学作品こそが国史を継ぐものだ、との見方がある。

戦国期の貴族、中院通勝（一五五六―一六一〇）が著した『源氏物語』の注釈、『岷江入楚』をみてみよう。

> 桐壺の帝は延喜（醍醐天皇）になぞらえている。師説（師の解説）では次のように言っておられた。「日本の国史は『日本三代実録』の貞観年中に至って終わった。いまこの『源氏物語』は宇多天皇の末から書き起こしている。これは国史を継承することを意味しているのだ。たとえば中国の歴史書『資治通鑑』が周の威烈王から書き始めているのは、『春秋』を継承する意義があるからだ。『源氏物語』についても同じ意識ではないだろうか」。箋（三条西実枝の解説）では次のようにある。「赤染衛門による『栄花物語』は宇多天皇の末から書き起こしている。これは国史の欠失を補おうとする理由であることが明らかだ」。

『岷江入楚』は中院通勝が師事した三条西家の源氏学を集成したものである。三条西家は大臣に昇進できる上流の公家である。学芸の権威であった三条西実隆（一四五五―一五三七）・公条らが『源氏物語』を研究し、注釈を著していた（実隆ら三条西家の人びとは、六国史の写本作成で後述する）。

三条西家の説を受け継いだ中院通勝は、『源氏物語』を歴史書であると認識し、物語の桐壺帝は醍醐天皇であると述べる。『源氏物語』を実際の歴史に当てはめて解釈することは「准拠」と呼ばれ、中世の『源氏物語』注釈では主流の読み方である。

問題は、「師説」を引用したくだりにある。通勝が挙げた「師説」は、三条西実隆・公条らが著した『源氏物語』の注釈を指している。「師説」は、『源氏物語』が宇多朝の末から説き起こすのは、『日本三代実録』で終わった国史を継ぐ意図があるのだと強調した。

そして例示されたのは北宋の司馬光が著した『資治通鑑』であった。『資治通鑑』は孔子が編集したとされる『春秋』を継ぐとの意識で、威烈王二三年（紀元前四〇三）から記載を始める。

つまり中世の『源氏物語』研究では、当時の日本人にとって権威のあった漢籍に擬え、『源氏物語』が六国史を継承する意図があることを強調しているのだ。

このような視点は『栄花物語』と大江氏との関わりを検討することで有効なものになる。

『栄花物語』の試み――仮名による編年史書

『栄花物語』は仮名による編年体で、宇多天皇から堀河天皇（在位一〇八六―一一〇七）まで一五代の宮廷史を記述した。通常「歴史物語」と呼称される文学作品である。『栄花物語』最初の巻第一「月の宴」は、簡単に宇多天皇に触れた後、三代後の村上天皇（在位九四六―九六七）の治世を華やかに描く。巻名「月の宴」は康保三年（九六六）八月一五日に宮中で行われた宴にちなむ。

ここで思い出したいのが『新国史』と大江氏との関係である。『栄花物語』で宮廷の典型として賞賛された村上朝は、ちょうど『新国史』の編纂が行われていた時代である。そして『栄花物語』の作者とされる赤染衛門は大江匡衡の妻である。匡衡の祖父は撰国史所別当であった大江維時であるから、かつて『新国史』編纂に従事した関係者の一族である。編纂事業のために集められた史料が伝わっていたことも想像される。三条西家の源氏学のなかで、『栄花物語』は国史を継ぐ意図があると述べているのは、『栄花物語』作成の動機として当たっているようである。

『栄花物語』は『源氏物語』の誕生に促された面がある。このことは、六国史とは違う『栄花物語』の試みのひとつとして、『源氏物語』や『紫式部日記（むらさきしきぶにっき）』を参照したことからも明らかである。

たとえば、巻第八「はつはな」は、寛弘五年（一〇〇八）九月の敦成（あつひら）親王誕生を描く。素材として『紫式部日記』を利用しながら、紫式部個人の私的な場面は採用せず、編年史書の体裁に合うように整えてある。仮名の文学を取り込んで仮名による歴史書を作るあたり、『栄花物語』が女性の手になるとされた理由である。赤染衛門や紫式部など女性の活躍が、それまで漢文で書かれてきた歴史書に新たな可能性を開いた。

日本紀講――講義による『日本書紀』の伝承

ちなみに紫式部は六国史との因縁が浅くない。彼女には「日本紀の御局（みつぼね）」と呼ばれた次のような逸話がある。

> 内裏（だいり）さま〔一条天皇〕が源氏の物語を人に読ませて、お聞きになっていたときに、「この作者は日本紀を読んでいるようだね。ほんとうに学才があるようだよ」と仰せになられたのを聞き、〔ほかの女房が〕ふとあて推量に「とても学問がおありだそうですよ」と殿上人（てんじょうびと）に言いふらして、「日本紀の御局」などというあだ名をつけられてしまいました。

口惜しいことです。　（『紫式部日記』）

一条天皇がもらした感想は、原文（宮内庁書陵部の黒川本）では「この人は日本紀をこそ読みたまへけれ」である。この「日本紀」が指す内容については議論がある。『日本書紀』そのものであるのか、『日本書紀』以下六国史の総称であるのかで見解が分かれている。

一条天皇が紫式部の才能をどのように評価したのかを解釈する前に、『日本書紀』が宮中で講義され、伝承されていたことを記しておこう。『日本書紀』の講義は一〇世紀までに計七回開催された。これらは日本紀講と呼ばれる。

①養老五年（七二一）
②弘仁三年（八一二）～弘仁四年（八一三）頃　博士　多人長
③承和一〇年（八四三）～承和一一年（八四四）　博士　菅野高年
④元慶二年（八七八）～元慶五年（八八一）　博士　善淵愛成
⑤延喜四年（九〇四）～延喜六年（九〇六）　博士　藤原春海
⑥承平六年（九三六）～天慶六年（九四三）　博士　矢田部公望
⑦康保二年（九六五）　博士　橘仲遠

『日本書紀』は完成当時から権威のある書物であったが、このような講義を重ねることにより、古典としての評価を一層固めていった。

第四回の元慶二年には日本紀講の体制が整い、藤原基経以下の公卿や明経道（儒教経典）や紀伝道（中国史書）の学生が参加する大掛かりなものとなった。博士（講義をする人）と都講・尚復（ともに博士の補佐）という役割の分担がみえ、講義の会場は内裏にある宜陽殿の東庇である。宜陽殿は公卿による人事の会議で使用され、東庇には大臣の宿所があった。公卿らの公務場所といってよい。ここを会場として、元慶二年の日本紀講は三年以上に及んだ。講義終了後には竟宴（打ち上げの宴会）が設けられた。

また元慶二年の参加者のうち、善淵愛成・嶋田良臣・藤原基経は『日本文徳天皇実録』の撰者である。日本紀講に参加した者が国史の編纂を担ったのである。第六回の承平六年の日本紀講では『新国史』の撰者、大江朝綱も参加していた。

日本紀講はおよそ三〇年間隔で開講された。『日本書紀』の解釈を伝承する制度が整うのであり、伝承の主体は明経道や紀伝道を専攻する学生であった。『日本書紀』は漢文で書かれており、儒教経典や中国史書の知識がなければ読み解けなかったからである。

康保二年（九六五）以降、日本紀講は絶える。けれども明経道の清原氏や中原氏、さらに紀伝道の大江氏のように専門分野がある学問の家では、『日本書紀』の読みを継承していく。『日本書紀』の古写本をみると、「江帥卿の本」（大江匡房）・「弾正弼大江朝臣」（大江維順）のような書き入れを目にする。『新国史』や『栄花物語』に続き、ここでも大江氏が残した足跡は大きい。

日本紀講それぞれで講義記録が作成され、『日本書紀私記』として数種類が伝わった。散逸してしまった私記でも、古写本には『公望私記』（承平六年の日本紀講で博士を務めた矢田部公望の講義録）が引かれたように、日本紀講の遺産は後代に継承されていく。

仮名の「日本紀」をめざして

さて、『紫式部日記』に戻り、一条天皇の発言の意味を考えてみたい。

天皇の発言を「日本紀を講ずればよいだろう」と解すれば、女房に日本紀講の博士になればよいと述べた冗談なのであり、実際には不可能である。だからこそ「日本紀の御局」というあだ名を吹聴されたことを、紫式部は苦々しく記したのである。

紫式部の父は紀伝道を専攻した藤原為時である。ひと世代前ならば日本紀講に参加したかもしれない知識人である。紫式部は六国史をよく読んでいただろう。

物語というものは、神代から世に起こったことを書き残したものだという。日本紀などはほんの一面に過ぎないのだ。これら物語にこそ、道理にかない、委細を尽くした事柄があるのだ。

（『源氏物語』蛍）

日本紀などはほんの一面に過ぎないと、事実に根拠を持つ歴史を絶対視しない『源氏物語』の視点は、「蛍巻」の物語論として知られている。六国史さえ相対化し、現実の歴史を想起させる『源氏物語』の仕掛け——それは、国史が編纂されなくなった一〇世紀の状況と、紀伝道の学者の娘という条件があいまって生まれたのだ。

『源氏物語』のなかでは、実在した歴史上の人物が効果的にちりばめられている。それは、歴史学者の目崎徳衛が名著『百人一首の作者たち』で「この才女の識見のすばらしさに驚嘆を禁じえなかった」と讃えたとおりである。

いずれにせよ、平安期に登場した『栄花物語』や『大鏡』などの仮名による歴史書は、南北朝期に成立した『増鏡』（ますかがみ）がいったように、「仮名の日本紀」である。漢文の編年体であった六国史からは段階を超え、日本の独自性が発揮された最初の史書とする見方も成り立つ。

しかし、それらは仮名の日本紀として、あくまで六国史の存在を強く意識していたことも、見失ってはならないだろう。

2　卜部氏――いかに書き伝えられてきたか

「日本紀の家」の古写本

天理大学附属天理図書館には『日本書紀』の古写本がある。乾元二年（一三〇三）に卜部兼夏によって書写された国宝指定の写本で、書写された年号によって『日本書紀』乾元本と呼ばれる。それを見たときの深い感慨を忘れることはできない。

箱から取り出した太い巻物は『日本書紀』巻第一神代上・巻第二神代下の二軸である。赤地の錦表紙に掛けられた緒を解いて巻物を披くと、『日本書紀』の冒頭「昔、天と地が分かれず、陰と陽が分かれず、混沌としてそのさまは鶏の卵のようであり……」との一節が現れる。

文字は幅が三センチもある枠のなかに風格のある筆遣いで記され、本文とは別に朱や墨によって訓点（漢文を訓読するために書き込まれた文字や符号）が書き入れられている。

『日本書紀』乾元本の末尾には、「日本紀の家」と呼ばれた卜部氏吉田流の歴代当主が年月や由来を書き続けている（これを奥書という）。父から子、師から弟子へと継承された『日本書紀』の学問が、そのまま実体になったような印象を与える写本である（口絵写真参照）。

4-1　系図／卜部氏の歴代と乾元本奥書の人物

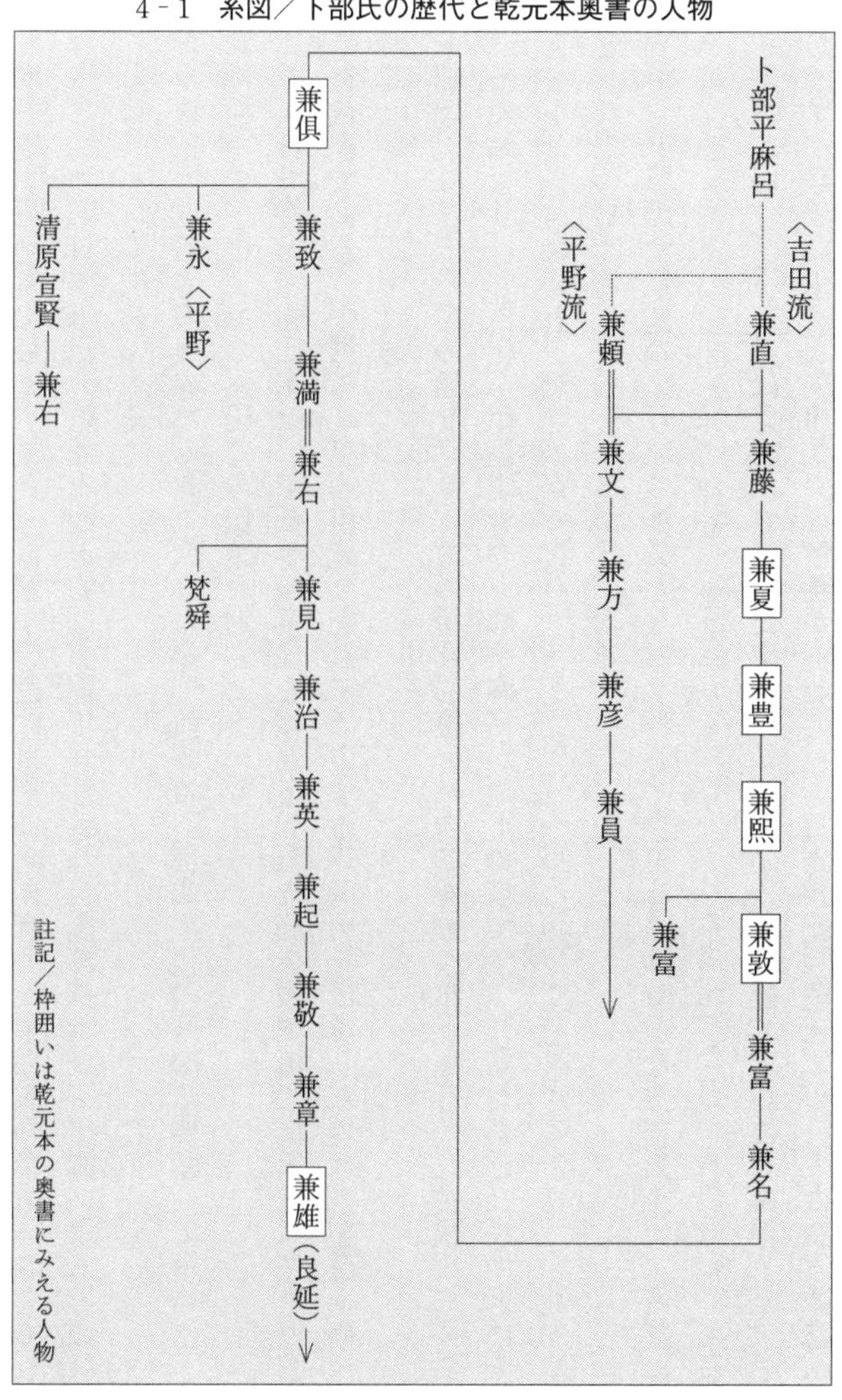

『日本書紀』乾元本を目にすると、書写や伝授に真剣に向き合った中世人の息遣いさえ感じられる。この『日本書紀』乾元本の迫力は、近年刊行された高精細カラー印刷による影印版（写真複製）からも伝わってくる。

『日本書紀』乾元本の奥書にみえる人びとを、前頁の卜部氏歴代の系図に枠囲いで示した。これに沿って、中世での六国史の伝承を辿ることにしよう。

この『日本書紀』乾元本は、神祇への奉仕を職務とした卜部氏吉田流で伝承されてきた根本の神代巻である。中世で『日本書紀』をはじめとする六国史を伝承したのは、紀伝道の博士家ではなく卜部氏であった。

卜部氏とは、その名の通りウミガメの甲羅を焼いて吉凶を占う亀卜を行った古代氏族である。その始まりは九世紀、伊豆出身の卜部平麻呂が亀卜の術ですぐれ名をあげた。中世に入ると、卜部氏は神祇官（朝廷の祭祀を行う部局）に仕えた大中臣・斎部とともに、祭祀を専門とした三つの氏族に数えられるようになる。

やがて卜部氏は京都の平野社の神職となる平野流、吉田社の神職となる吉田流の二系統に分かれ、ともに家の学問として神祇の先例やしきたり、『日本書紀』などの古典について研鑽を重ねていく。卜部氏は祭祀に奉仕した実績・知識によって朝廷での地位を確保した。したがって、正しい本文と先祖代々の解釈が加わった『日本書紀』乾元本のような古写本は、

「日本紀の家」にとって、家の存立に関わる大事な写本（家の証本）だった。

『日本書紀』の講義から『釈日本紀』へ

「日本紀の家」の活躍を、南北朝動乱を描く軍記文学『太平記』から示そう。北朝の貞和年間（一三四五～五〇）、伊勢国国崎で得られた神秘的な剣が朝廷に持ち込まれたことがある。この剣は源平合戦のときに壇ノ浦に沈んだ神器の宝剣ではないかと議論になる。そこで相談に与ったのは平野流の卜部兼員であった。

> その後、〔大納言日野資明は〕平野社の神主である神祇大副の兼員を呼んで、「神代のことは、何としても『日本紀の家』で知っておくべきことだ。〔中略〕専門家の意見を尊重したいから、兼員の考えを正しい説とすべきである。少しばかりこの機会に理解しておきたい事情がある。詳しく説明してほしい」とおっしゃった。
>
> （『太平記』巻第二五　宝剣進奏両卿意見の事）

「日本紀の家」の面目がうかがえる挿話である。一見現実味がないようにも思われるが、貞和四年（一三四八）と推定できる一一月一八日付けの卜部兼員書状によって、宝剣の献上が実際にあったことが証明されている（小川剛生「公家社会と太平記」）。

『太平記』に登場した卜部兼員は、その祖父が『日本書紀』の注釈『釈日本紀』を編集した兼方（懐賢）、曽祖父が神代巻の講義を行った兼文である。鎌倉・室町時代の卜部氏は、天皇の即位儀礼である大嘗祭に臨んで神代巻の講義と伝授を行ってきた。「日本紀の家」の評価は、このような実績に基づき定まった。

特に注目されるのは、『釈日本紀』がまとめられた経緯である。蒙古襲来のあった文永一一年（一二七四）から卜部兼文が摂関の一条実経らに『日本書紀』の講義を行い、その内容をもとにまとめられたのが『釈日本紀』である。実際の講義を重ねるなかで、日本紀学とでもいうべき卜部氏の学問が固められていった。宝剣について朝廷の相談に応じたのも、実践で学問が試された機会といえる。

皇室祖神の変貌——天照大神大日如来説

平野流の卜部兼方は、吉田流の『日本書紀』乾元本と並んで尊ばれた神代巻の『日本書紀』弘安本（兼方本、京都国立博物館蔵）を残している。

『日本書紀』弘安本は弘安九年（一二八六）の裏書を持ち、年号によって弘安本と呼ばれる。兼方の自筆で、なおかつ書き込まれた注記・裏書は、『釈日本紀』との対応が認められる。

家の証本と先祖代々の解釈が一揃いで現存し、中世の『日本書紀』研究を知るうえで、その価値ははかりしれない。たとえば次のようなものである。

> 天照太神の御本地が大日如来であることは、最も秘事である。
>
> （『日本書紀』弘安本　巻第一裏書）
>
> 先師〔卜部兼文〕の説にはこのようにあった。「天照太神の御本地は大日如来であることは、明らかである」。大〔一条実経〕は仰せられて次のようにおっしゃった。「『大日本国』とは、真言教の『大日如来の本国』という意味である」。いま本文と符合した。格別にすばらしいことである。（『釈日本紀』巻第五　述義一「大日孁貴」）

皇室の祖神アマテラスの本地が大日如来であるなど、古代では考えられなかった解釈である。皇室の祖神が変貌するのは、神話の文献を自在に引用解釈し、中世独自の世界観を提示する中世の代表的な見解である。これが「日本紀の家」の最も重要な写本に記されている。卜部氏の『日本書紀』研究は、単に先祖の学説を守り伝えただけでなく、時代の要請に応じ新たな解釈を受け入れていたのだ。新たに行われた中世の日本紀講は、注釈（『釈日本紀』）

にも写本（『日本書紀』弘安本や乾元本）にも痕跡を残した。

中世を代表する新たな解釈が加えられた反面、写本には、中世以前に行われていた古い日本紀講の成果が取り込まれている。

『日本書紀』乾元本でいえば、巻第二神代下の「栲縄（たくなわ）」に「多久奈波（たくなは）　弘仁説」、「高天原（たかまのはら）」に「多加阿万乃波良（たかあまのはら）　弘仁」といった訓（よ）みの注記がある。これらは奈良時代に行われていた古い発音の仮名表示（上代特殊仮名遣い）である。「弘仁」の注記は、弘仁三年（八一二）の日本紀講に由来することを示す。一三世紀の『日本書紀』写本には、九世紀初頭の日本語の訓みが残っている。

六国史全体を見渡すと、『日本書紀』神代巻（巻第一神代上・巻第二神代下）は、現在に残る写本の点数が飛びぬけて多い。神代巻が神祇の教典とみなされたからこそ、写本を受け継いでいく集団の連続性（家が学問を継承する）、本文を転写する場合の保守性（底本を忠実に再現する）が保証された。そして日本紀講が繰り返され、以前の講義成果が参照されたため、古代の訓みさえも写本に伝わる奇跡を可能にしたのである。

吉田流の隆盛と改竄

さて室町期以降、「日本紀の家」として存在感を高めたのは、『日本書紀』弘安本の平野流ではなく、『日本書紀』乾元本の吉田流である。乾元本を書写した卜部兼夏は、この『日本書紀』写本と『日本書紀』についての秘説（一般には公表しない家の学説）を子の兼豊（一三〇五―七六）に伝授した。

兼豊は朝廷で神祇に関する案件が生じたときには、意見を求められて自説を注進するようになった。亀卜の技術や祭祀への奉仕実績は『宮主秘事口伝』として文献にまとめており、子孫に伝える家の故実を強く意識していた。

さらに兼豊は、父の兼夏が写した『続日本紀』『日本文徳天皇実録』『日本三代実録』の写本を補修している。現在目にすることができる六国史の多くは、卜部兼夏・兼豊を経由して伝わっているのだ。

そこには、次のような落とし穴もある。

正四位下行神祇伯卜部宿禰平麻呂・従四位上守刑部卿藤原朝臣輔嗣の階を進め、並びに従三位を加えた。（『日本三代実録』谷森本　貞観二年〈八六〇〉一一月一六日壬辰条）

冒頭にある卜部平麻呂は、先に述べたように九世紀に生きた伊豆の卜部、兼豊にとってははるかな先祖にあたる。平麻呂は元慶五年（八八一）一二月五日に七五歳で没したことが『日本三代実録』に記される。位階・官職は「従五位下行丹波介」であった。
九世紀の卜部の地位から考えて、神祇伯（神祇官の長官）・従三位はあり得ないほど高い官職・位階である。『日本三代実録』貞観二年一一月一六日条のように、卜部平麻呂が神祇伯に在任し、従三位を授けられたとは、到底信じられない。

卜部氏で写された写本の系統を引く『日本三代実録』には、条文に作為がある。学術の話になるが、一九三四年に活版印刷で刊行された新訂増補国史大系本の『日本三代実録』をみてみよう。

新訂増補国史大系のなかで『日本三代実録』を刊行するとき、底本（本文を復原するときに拠りどころとする本）には江戸初期に写された宮内省の写本が選ばれた。これが旧蔵者の名前から「谷森本」と呼ばれる写本である。谷森本も卜部氏の写本の流れに属する。

ところが新訂増補国史大系は、谷森本では貞観二年一一月一六日条で「卜部宿禰平麻呂」とある箇所を「橘朝臣永名」と改めた。その理由は、以下のような考証を経て達した結論である。

底本とした『日本三代実録』谷森本には、もとは「卜部宿禰平麻呂」とあった。おそらく理由があって改作したのではないか。〔だから『日本三代実録』の別の条文である〕貞観八年五月を根拠として底本の記載を改めた。考えてみると〔貞観二年一一月時点で〕卜部平麻呂の官職位階は外（げ）従五位下神祇権大祐（ごんのだいゆう）であった。没した時は従五位下丹波介であった。このことは元慶五年一二月に見えている。

故意に橘永名（神祇伯）の任官記事を改め、卜部平麻呂の名に置き換えているとの判断である。

新訂増補国史大系の判定は適切である。三位という公卿の位階、神祇伯という長官の官職は、中世の卜部氏が抱いていた願望に違いない。写本に現れた先祖を高い官位に改めたのは、この写本を残した卜部氏の人間である可能性が高い。

六国史の本文を作為してまで祖先の来歴を強調し、家業として神祇祭祀を守り伝えてきた吉田流歴代の努力は、兼豊の子である卜部兼熙（かねひろ）の代で実を結ぶ。

兼熙は神祇官人だけではなく、室町将軍足利義満（あしかがよしみつ）の意を受けて南北朝合体を仲介するなど、政治的にも重要な役割を演じた。家号を「吉田」と定め、ついには待望の三位に叙せられる。これで吉田流の卜部氏は公卿として認められ、家の格を上昇させることに成功した。「神道の元老」と称された兼熙は、日記のなかで次のような感慨を残した。

頼りにしているのは、神を尊ぶことでもたらされた目には見えない恩恵である。うやまうところは、先祖代々受けついできた書籍である。

（『吉田家日次記』応安四年〈一三七一〉一二月二五日条）

先祖代々の書籍には、『日本書紀』乾元本をはじめとする家の証本、さらには六国史を含む。兼熙の感慨は、家の学問と書物の伝承との関係を率直に表現している。

一条兼良と『日本書紀』

この後、吉田家では兼熙を継いだ吉田兼敦が四一歳で没したこともあり、次の当主吉田兼富は父祖の職務を継承できていないことに悩んだ。

兼富は、摂関一条兼良（一四〇二―八一）に『日本書紀』の秘説を伝授してほしいと要望した。かつて兼良の父、一条経嗣が吉田兼熙より『日本書紀』の秘説を伝授されていたからである。そこで兼良から吉田兼富への伝授が実現した。

一条兼良は摂関という高い地位にありながら和歌や古典、朝廷の故実についても研鑽を惜しまず、その学識は「日本無双の才人」「和漢の才学比類無し」と賞賛された。兼良の学芸のなかで、『日本書紀』が占める比重は大きい。

兼良が著した『日本書紀纂疏』は神代巻の注釈である。兼良は七〇歳を過ぎても、貴族たちを相手に『日本書紀』の談義を続けていた。

禅閤〔兼良〕はおっしゃった、「上宮太子〔聖徳太子〕の入滅は二月五日である。それは『日本書紀』に明白である。二二日とするのは、その意を得ない。今日がまさに忌日なのだ」と。

（『大乗院寺社雑事記』文明六年〈一四七四〉二月五日条）

兼良が奈良滞在中に興福寺大乗院の門跡、尋尊（兼良の子）に語ったことである。

しかし現在では、聖徳太子の忌日は旧暦二月二二日とみるのが主流である。法隆寺金堂釈迦像光背銘・天寿国繡帳銘といった七世紀の一次史料には、聖徳太子は推古天皇三〇年壬午（六二二）の二月二二日に死去したと伝える。聖徳太子が創建した大阪の四天王寺は、新暦に置き換えて四月二二日に聖徳太子の命日の法会（聖霊会）を行っている。

それに対し『日本書紀』だけが、聖徳太子は推古天皇二九年辛巳（六二一）二月五日に死去したとする。奈良時代前半の法隆寺の位置付けを反映したのか、『日本書紀』は法隆寺に編纂材料を求めなかった。もし法隆寺に残る史料が参照されたのなら、聖徳太子の忌日を六二一年二月五日とするわけにはいかない。現代の歴史学の立場で「聖徳太子の忌日はいつか」と問えば、六二二年二月二二日、やはり七世紀の一次史料に信頼を置く。
ところが一条兼良は尋尊に対し、今日二月五日が聖徳太子の忌日だと語った。兼良は、あくまで『日本書紀』の記述を尊重せよといいたいのだ。

聖徳太子死去の記事がある『日本書紀』巻第二二推古紀は、平安中期に写された国宝の写本、岩崎本(京都国立博物館蔵)が残る。三菱財閥の岩崎家が旧蔵していた写本である。岩崎本の奥書には、一条兼良が文明六年(一四七四)に卜部家の本と文字を付き合わせたことが書きこまれている。この時代随一の学者は、古写本の推古紀を読み、世間で行われている聖霊会よりも、『日本書紀』の記事に拠ることを説いたのであった。

その後、一条兼良からの伝授で家業をつないだ吉田家からは、抜きん出た行動で知られる吉田兼倶(一四三五―一五一一)が現れた。兼倶は吉田家に伝わる神道説を「唯一宗源神道」と唱えて宣伝し、自らは教祖のような存在になった。

兼倶が自邸に設けた斎場所には萱葺きの八角建物、大元宮を中心に神祇官の八神、伊勢の両宮、日本全国の式内社三一三二座が祭られた。慶長六年(一六〇一)に再建された大元宮は、兼倶の思想を体現する建築空間として、いまも京都大学の東隣、吉田神社(京都市左京区)に現存する。

兼倶は自家の由緒を飾ることに熱心であった。彼は卜部氏の祖、卜部日良麻呂(平麻呂)

は「近衛大将諸魚卿の嫡孫、二十代の曩祖」、つまり卜部は伊豆出身の下級神職ではなく、神祇の名門大中臣氏の諸魚に発する家系だと主張した。もちろん偽りであり、それも見る目のある人にとっては当時から周知の事実だった。

三条西家――現代に六国史を伝えた意義

この吉田兼倶から熱心にアプローチを受けていた人物がいる。学芸の権威であった中世後期の公卿、三条西実隆である。

実隆の関心は、『源氏物語』『伊勢物語』といった平安文学を中心に、『古今和歌集』を頂点とする和歌や連歌の世界にまでいたる。文明六年（一四七四）正月から天文五年（一五三六）二月まで六三年間にわたって記された日記『実隆公記』を見ると、生涯のうちに書写・入手した書物は膨大であり、三条西実隆は中世の学芸を近世に引き継ぐ、大切な「つなぎの環」として役割を果たした。

六国史についてもそうである。三条西実隆・公条父子は六国史すべてを書写した。それも三条西家で書写された本文が、その後に世間に広まる六国史になっていく。反対に三条西家が入手できなかったもの――『日本後紀』全四〇巻のうちの四分の三は、現在にいたるまで世に現れていない。三条西家が書写できなかったものは、今日に伝えられなかった。このことは、三条西家で行われた書写が、六国史を現代に伝えるにあたって、どれほど意義ある営みであったかを証明する。

三条西家は先述したように大臣に昇進できる上流の公家で、学芸が専門の家ではない。だが実隆が秀才ぶりを発揮して以降、天皇の信任も厚く、やがて学芸の面で権威とみなされるようになっていった。したがって吉田家のように代々継承してきた家の書物に恵まれたわけではなく、他家から借用して蔵書を形成していく。

六国史の場合、『続日本紀』『日本文徳天皇実録』『日本三代実録』は、永正(えいしょう)一二年(一五一五)に吉田兼満(かねみつ)の本を借用して写した。このとき実隆は六一歳、翌年には出家をする老境である。『日本三代実録』書写は息子の公条と分担し、家として国史書写の手を休めることはない。

『日本後紀』と『続日本後紀』は吉田卜部氏の蔵書を利用できなかった。そのためであろう、三条西公条は『類聚国史』のなかに記述されていた『日本後紀』『続日本後紀』については全文を写し、他の国史については日付や一部のみ写した写本を残した。これは大永(だいえい)校本と呼ばれる『類聚国史』写本であり(前田育徳会尊経閣文庫所蔵)、『日本後紀』『続日本後紀』の条文を復原する試みに違いない。

やがて大永四年(一五二四)から『日本後紀』の一部(底本は伏見宮(ふしみのみや)家の蔵書)、天文二年

(一五三三)から『続日本後紀』(底本は不詳)が書写され、三条西家は六国史を備えることができた。ただ、どちらも現在残る条文には損傷が多い。『日本後紀』は四分の三が散逸したままであり、『続日本後紀』は記事の順序の入れ違いや同じ記事が二度あるといった問題を抱えている。

このような三条西家での六国史書写は永正一〇年(一五一三)に始まる。この年六月一三日、実隆が炎暑を凌いで『日本書紀』の書写校正を行った(『日本書紀』兼右本　巻第三〇持統紀奥書)。そればかりではない。書写に先立つ永正六年九月二六日には、実隆が吉田兼倶から『日本書紀』二八巻を借用したと日記に書きとめている。

『源氏物語』教典化と六国史の書写

実は吉田兼倶は『日本書紀』の貸借だけでなく、三条西実隆に吉田家の神道を伝授してもよいと伝えていた。ここには兼倶なりの思惑がある。神道の秘伝を三条西家に伝えることで師弟の関係を結び、公家と武家とを問わず声望が高く、天皇とも縁続きである三条西実隆を取り込もうとしたのである。

それに対して実隆は「自分は老いて耄碌しているから、その器ではない」と断った。文明一二年(一四八〇)に兼倶が後土御門天皇に『日本書紀』を講義したときも、実隆は全一六

4-2　系図／三条西家——六国史と源氏物語注釈書の関係

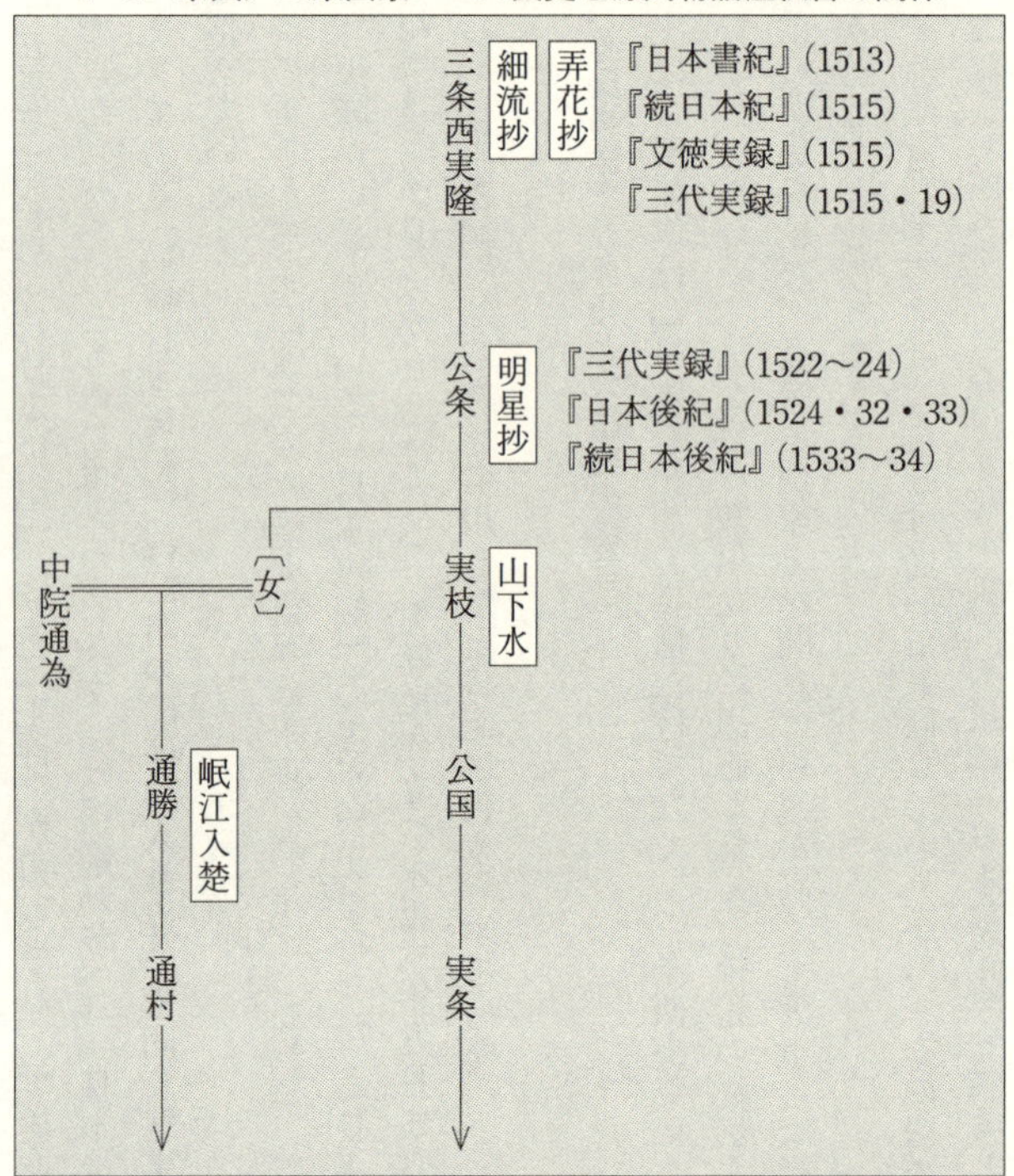

日間の日程のうち最初の三日しか参加していない。三条西実隆は吉田兼倶の学識を認めながら、その神道説を全面的に受け入れてはいない。

三条西家は当代の権威として仰がれるほど『源氏物語』の研究を深めると同時に、六国史を精力的に写した。文学と歴史を同じく古典であると同視しているのであろうか。

先に三条西家で著さ

れた『源氏物語』注釈、具体的には実隆の『細流抄』、公条の『明星抄』となるが、それらでは、『源氏物語』こそが六国史を継ぐものと捉えられていることを紹介した。三条西家では六国史を読まずに『源氏物語』は六国史を継ぐと称えたわけではない。自家で六国史を書写しながら、物語の歴史的解釈を推し進めた。もっといえば、すでにあった准拠説を大きく踏み越え、『源氏物語』の教典化を進めるうえで、六国史の権威を利用したのだ。

たとえば三条西公条の『明星抄』では、『源氏物語』という書名を次のように解説している。

神道では『日本書紀』を「宗源」と呼んだように、〔『源氏物語』という書名は〕「万の道の源」という意味であることが明らかである。（題号之事）

唯一宗源神道吉田家の『日本書紀』に擬え、『源氏物語』もまた万の道の源泉ゆえに、『源氏物語』という題号なのだと解説した。こじつけであるが、ここにこそ歴史と文学の隔てなく、宮廷で新たに文化的権威となった三条西家の存在意義が見出せる。筆者は『明星抄』のこの部分に気づいて初めて、なぜ三条西家があれほど熱心に六国史を書写したのか、その理由が納得できた。

三条西家の六国史そのものは『日本後紀』を除いて現存しない。しかし三条西家本の忠実な写しが東京の宮内庁書陵部に所蔵される。旧蔵者、谷森善臣（一八一八―一九一一）の名を冠して「谷森本」と呼ばれる江戸時代初期（あるいは室町時代末）の写本群である。谷森善臣は幕末の三条西家家臣であり、陵墓の調査実績が認められて明治政府に出仕した。

谷森本は、昭和に入って新訂増補国史大系が刊行されるとき六国史の底本に用いられた。国史大系とは、日本歴史の研究に必要な文献を集成した叢書で、最初は明治三〇年（一八九七）から刊行が始まった。明治の実業家であり経済学者でもあった田口卯吉（一八五五―一九〇五）の経済雑誌社が刊行したのである。

昭和に入って国史大系の再版を望む声が高まると、かつて国史大系刊行に従事した歴史学者の黒板勝美（一八七四―一九四六）が強い意気込みでこれに応えた。新たに底本を選び直し、厳密な校訂を加え、昭和四年（一九二九）より吉川弘文館から順次刊行されたのが新訂増補国史大系である。

このような刊行事業で使用されたため、谷森本は信頼すべき六国史の写本と評価されていた。谷森本の評価が高いのは、現存しない三条西家の六国史を忠実に書き写したからである。谷森本を介して、現在の研究者は三条西家の恩恵に浴しているのである。

3　出版文化による隆盛――江戸期から太平洋戦争まで

江戸時代に入ると書物をめぐる環境が大きく変化する。書物を印刷し、販売する出版業が現れたからだ。六国史もこの時代に出版された。

その先がけとして、徳川家康と六国史の関わりから話を進めたい。

家康による古典書写の命令

慶長一九年（一六一四）一〇月、大坂城中に挙兵の動きがあるとの報を受けた徳川家康は、駿府城を出発した。大坂の陣の始まりである。

一〇月二三日、京都の二条城に入った家康は、翌日二四日に吉田家出身の僧梵舜より「神書」の講義を受け、次いで京都五山の長老に「日本記録」を新写するよう命令を下す。「日本記録」とは日本の古典文献である。当然、六国史が含まれていた。

写本作成のためには底本が必要である。そこで宮廷の関係者から書物が借り出され、南禅寺を作業の場として大がかりな古典の複製事業が開始された。

対象となった古典のいくつかを所蔵者の名とともに紹介する。

『古事記』　梵舜
『釈日本紀』　梵舜
『続日本後紀』　三条西実条
『日本文徳天皇実録』　広橋兼勝
『日本三代実録』　三条西実条
『類聚国史』　後陽成天皇
『日本紀類』（『日本紀略』）　後陽成天皇
『類聚三代格』　後陽成天皇
『明月記』　冷泉為満

家康は古典を三部ずつ写させ、一部は天皇に献上し、残る二部を駿府と江戸に置くよう配慮した。徳川幕府がまとめた歴史書『徳川実紀』は、徳川家康の古典複製について「争乱のなかにあっても、このように古典籍のことを放置せずに処置なさった。『これほど学問を好まれた英主は、近頃まで聞いたことがない』と、みんなが驚嘆している」と特筆する。

このときに作成された写本は、やがて江戸城内にあった幕府の参考図書館「御文庫」（紅葉山文庫）で保管される。のちに「慶長御写本」として選別・別置された。一部は明治六年（一八七三）に焼失したものの、大部分は国立公文書館（こくりつこうぶんしょかん）内閣文庫の蔵書として現存している。これも冊数・国立公文書館の請求番号とともに紹介しておこう。

『古事記』	三冊（特五八―一）
『釈日本紀』	二九冊（特五五―八）
『続日本後紀』	一〇冊（特五五―七）
『日本文徳天皇実録』	五冊（特五五―九）
『日本三代実録』	二〇冊（特四九―一七）
『類聚国史』	二冊（特五六―九）
『日本紀類』（『日本紀略』）	一九冊　明治六年焼失
『類聚三代格』	六冊　明治六年焼失
『明月記』	六三冊（特九七―二）

「慶長御写本」は慶長一九年当時の装丁がよく保たれ、保存の状態がよい。濃紺の表紙で統一され、一面八行の罫（けい）に一七字詰めと体裁がそろっている。やや癖のある達筆は、五山僧によるものである。

諸法度へ

組織的に古典文献の複製を行い、幕府の蔵書を充実させるのをみると、徳川家康の思慮の深さがうかがわれる。それも教養を高めるためだけに古典を愛好したのではない。

京都での新写本作成に先立つ慶長一九年(一六一四)四月五日、家康は京都五山の禅僧に対し帝王学の書として知られる中国の『群書治要』『貞観政要』や日本の『続日本紀』『延喜式』から抜き書きを作ることを命じた。家康側近の日記『駿府記』によれば、抜き書きは「武家・公家の法度」を制定するためという。幕府が武家や公家を統制した法令、武家諸法度や禁中並びに公家諸法度を制定する準備作業なのである。

つまり、家康は教養として古典を重んじただけではなく、統治のための実用手段として古典に狙いを定めたのだ。また秘蔵される古典を禁裏や公家から借り出し、系統的に複製することは、人びとに誰が天下の主であるか、広く訴える効果がある。大坂攻めに出馬したとき、家康はすでに戦後のことに思いをめぐらせ、法制整備を視野に入れて古典の書写を進めていたのである。

徳川家康の命を受け、抜き書きの指示を伝えたのは、家康の外交顧問として活躍した南禅寺の僧以心崇伝(一五六九―一六三三)と江戸幕府の文教政策を握った儒者林家の初代林羅

『続日本紀』蓬左文庫本（名古屋市蓬左文庫蔵）

山（一五八三—一六五七）である。この二人は家康に従って入洛し、南禅寺での新写本作成作業でも監督を務めた。

　また家康は、蔵書を充実させるために古典の新写を行っただけではなく、『群書治要』などを新たに出版し、名高い古写本や舶来の稀覯書を入手してもいる。

　約一万点を数えたという徳川家康の蔵書は、家康の没後「駿河御譲本」として御三家に遺産分割された。なかでも尾張徳川家が受け継いだ蔵書は良質なうえによく保存され、今日は名古屋市蓬左文庫の中核をなしている。

　そのなかの一点に『続日本紀』の古写本がある。「蓬左文庫本」と呼ばれる重要文化財指定の『続日本紀』写本は、巻首に鎌倉北条氏の旧蔵書であることを示す「金澤文庫」の墨印があり、一三世紀後半の書写である。『続日本紀』の写本としては現存最古で、慶長一七年（一六一二）三月に家康に献上された。このときも家康は林羅山に『続日本紀』を読ませている。

近世の画期——秘伝から公開へ

徳川家康に仕えた林羅山の役割について触れておこう。

京に生まれた羅山は朱子学を学び、慶長一〇年（一六〇五）、二三歳で家康の知遇を得た。以後は家康の若き側近として活躍し、二代秀忠・三代家光にも仕え、江戸幕府の儒官、林家の基礎を築いていく。

林羅山の存在がすぐれて近世的であるのは、それまで秘伝によって限定された人たちの間でしか継承されなかった知識の伝承方法を斥けたことにある。

ひとつの逸話がある。羅山は慶長八年に朱子の『論語集注』講義を公開したため、明経道を家学とした朝廷の儒者から訴えられた。このようなことは羅山だけではない。羅山と同時代の俳諧師松永貞徳は、百人一首や『徒然草』を群衆のなかで講じたために、師である中院通勝から不興を買ったと回想している。

公開の講義はなぜ非難されたのか。それは中世の学芸、特に歌学は、師弟の伝授を通じて知識が継承されてきたからである。中院通勝は先に触れたように『源氏物語』を注釈した『岷江入楚』の作者であり、三条西家の源氏学・和歌を受け継ぐ公卿である。講義を公開するなど受け入れられない。

ところが一七世紀からは、一対一の伝授を通じた知識の継承とは別の回路が開き始めていた。京の町人出身で秘伝を守らない林羅山は近世の側の人間である。秘蔵された家の蔵書を書写させ、出版への理解があった徳川家康は、そうした羅山の新しさを買ったのだ。

宮中でも『日本書紀』神代巻を出版する動きがみられた。それも当代の天子、後陽成天皇（在位一五八六―一六一一）の意思によってである。

後陽成天皇は吉田家の当主である兼見（かねみ）やその弟である梵舜に校訂を命じ、慶長四年（一五九九）に神代巻を出版した。この時期には朝鮮からもたらされた活版印刷の影響を受け、日本で初めて活字による出版（古活字版（こかつじばん））が始まっている。神代巻は新たに木活字を彫り、天皇の命によって出版されたために「勅版（ちょくはん）」と称される。

古活字版は印刷部数が限られ、印刷後は版を崩すこともあって、印刷部数はせいぜい一〇〇部、広く行き渡るものではない。事実、勅版の『日本書紀』は神宮をはじめとする神社や身近な公家に配られたのみである。古活字版は同じ本文を大量に複製する印刷の本旨よりも、写本文化の色濃いものであった。

それでも、かつては吉田卜部家が家学として守り伝えてきた秘伝の『日本書紀』神代巻が印刷されたのである。六国史が出版されるきっかけとして、勅版の意義は大きい。

やがて徳川の天下のもと世の中が落ち着くと、京都で印刷された書物を販売する出版業者が誕生した。現在も仏教書の出版で知られる平楽寺書店などは、書肆村上平楽寺（村上勘兵衛）として寛文九年（一六六九）に『日本文徳天皇実録』を刊行している。このほかの六国史も一七世紀後半には、散逸していた『日本後紀』を除きすべてが出揃うことになる。その金額は一両（『続日本紀』）から十匁（『日本文徳天皇実録』）まで、代金さえ支払えば六国史を入手できる状況が生まれた。

当時の印刷は文字を彫った板木に墨を塗り、紙を押し当てて刷った製版本（板本）である。繰り返し刷られて板木の文字が磨り減った六国史をみると、六国史は長期にわたって売れ続けたことが実感できる。

このような出版需要を支えたのは、民間で書物を読む人びとが広がったためである。

徳川光圀が探し続けたもの

書物を読む層が増え、日本の古典への関心が高まり、商業出版まで行われるようになると、いよいよ『日本後紀』の散逸に注目が集まるようになる。日本の歴史に関心が深く、自ら六国史を校訂した経験を持つ徳川光圀（一六二八―一七〇〇）は、終生、『日本後紀』の探索を続けた。

光圀は明暦三年（一六五七）、三〇歳のときより歴史書の編纂を始めた。のちに『大日本史』と呼ばれる壮大な歴史書の編纂事業である。

日本には六国史が古来よりあるけれども、みな編年体であって『史記』のような体裁で書かれた書物は存在しない。上古から近代までのことを本紀・列伝に仕立て、『史記』のような体裁で編集したいと考えてきた。これまで四〇年ばかり努力し、日本の古い記録を集めてきたが、思うように古い記録が集まらず、編集ははかどっていない。

（水戸義公書簡集一八九）

右は元禄八年（一六九五）一〇月二九日付けの徳川光圀の書簡である。このとき光圀は六八歳、事業の完結にはまだまだ遠いことを隠さず打ち明けている。

光圀は歴史書の編纂に取り組むにあたり、編集部局として史館（彰考館）を開設し、史料を求めるために学者を各地に派遣して調査を行った。史書編集の記録『大日本史編纂記録』をみると、この事業にどれほどの熱意と予算が傾けられたかが伝わる。

徳川光圀は『大日本史』を編纂しながら、六国史の校訂を行い、失われたままの幻の歴史書、『日本後紀』の探索を続けた。日本の歴史を作るとき、六国史を根本史料とみなしていたからだ。

結局、水戸藩の安藤為章（あんどうためあき）が「西山公（せいざんこう）〔徳川光圀〕は久しく『日本後紀』を探索なさったが、真の本を得られなかった」と記すとおり、光圀は『日本後紀』を発見することができなかった。また生前に『大日本史』の完成をみることもなかった。表〔年表〕・志〔分野別の制度史〕がそろって『大日本史』が完成したのは、明治三九年（一九〇六）である。

ただ徳川光圀の学問的業績を考えると、歴史書の編纂事業を動かしたために、古典籍・古文書の価値が再発見され、歴史資料〔史料〕に対する知見が深められた。また事業を通じて史料を扱う人材が養成され、学者たちの人的なつながりを生み出した。

これは近世の歴史学に対する徳川光圀、水戸藩の大きな貢献である。

塙保己一と和学講談所

ひとつ具体例を挙げるなら、盲目の国学者塙保己一（はなわほきいち）（一七四六―一八二一）である。彼は『大日本史』の校正に従事したことで学問的実力が知られるようになった。

そこから保己一は独自の才覚を発揮して幕府に働きかけ、寛政（かんせい）五年（一七九三）に日本の古典を研究・調査する専門機関、和学講談所（わがくこうだんじょ）を設立する。『大日本史』の事業に参加した実績が認められ、幕府の文教政策を担当していた当時の林家当主林述斎（はやしじゅっさい）から支援を受けることができたのである。

和学講談所の業務は、大きくは四つの柱からなっている。①専門家が集まって同じ文献を読む「会読（かいどく）」、②六国史以後の歴史を編年の史料集『史料（しりょう）』（のちに『塙史料』と呼ばれる）として編纂、③国史と律令の専門書出版、④出版物の検閲や武家の百科事典編集である。

このうちの①は和学（国学）の専門家を養成する教育の機能、④は幕府が援助した機関としての委託業務に当たる。

②史料編纂は、明治政府の修史事業に引き継がれたため、現在の東京大学史料編纂所は組織の沿革として和学講談所を起源に掲げている。

③出版事業では『日本後紀』の出版を特筆したい。寛政一一年（一七九九）に八冊、享和（きょうわ）元年（一八〇一）に二冊、合計一〇冊が出版された。『日本後紀』全体からすればわずかに四分の一ではある。だが、幻の国史はついに出版されたのだ。

もはや存在しないと思われ、偽書さえ出回っていた『日本後紀』の再発見は、不明な点が多い。おそらく秘されていた公家の蔵書をもとに出版したため、出所を明記できなかったのだろう。出現があまりにも劇的で、その経緯（いきさつ）が公表されていないことから、伏見宮家にあった『日本後紀』の写本を、保己一の門人が宮家に仕える者に酒を飲ませて書き写したとの伝説さえ残る。

それはともかく、江戸時代後期、これら出版された六国史を手にした民間の読者は、六国史を通して古代への思いを深めた。和学講談所以外でも学者たち有志による会読が盛んになり、六国史の板本（はんぽん）（版木に文字を彫って印刷した木版刷りの書籍）には、会読の成果をびっしりと書きこむものがある。近代に入り六国史が活版で印刷されるとき、これら江戸の国学者が遺（のこ）した校合（きょうごう）（読み合わせ、異本の対照）の結果は、大いに活用された。

宮中でも、朝廷の儀礼を復興しようとする機運が高まり、それとともに六国史の会読が行われるようになる。異国船の来訪で危機意識が高まるなか、朝廷では天保（てんぽう）一〇年（一八三九）五月に『日本書紀』を読み終え、会読は『続日本紀』へと進んでいる。

幕末の政争のなかで朝廷や天皇の存在が浮上する背景には、六国史の学習を通じて得られた江戸時代の人びとの古代観や歴史意識がある。そこから過去の体制や伝統を理想とし、昔に戻そうとする復古の動きも出てくる。

神武天皇の創業を理想とし、王政の復古が布告されたのは慶応三年（一八六七）一二月のことである。

近代歴史学の六国史継承

明治政府は当初、古代と同じ名称の「太政官」制をとり、内閣制度の発足（一八八五年）まで存続した。このことでもわかるように、明治維新は近代化の側面とともに、復古、つまり過去の伝統に戻そうとする性格を持っていた。

したがって古代にならって、天皇は国史の編纂を命じる。明治二年（一八六九）四月四日、明治天皇は三条実美に対し歴史書を編纂するよう命令書を与えた。

> 歴史書を編修することは永遠に朽ちることのない大事業であり、先祖のりっぱな行事であるが、『日本三代実録』以後絶えて続くものがないのは、なんと大きな欠落ではないか。いまや鎌倉以来の武家による専横の弊害を改め除き、政務を振興している。だから史局を開き、先祖のりっぱな行跡を継ぎ、大いに文教を天下に施そうと思い、総裁の職に任じる。速やかに君臣の名分の道を正し、文明と野蛮、国内と国外の分別を明らかにし、天下に人の行うべき道徳を扶植せよ。（宸翰沙汰書）

当時一八歳の明治天皇は、『日本三代実録』を継承する史書編纂事業を命じた。武門によって奪われていた政治の実権を取り戻し、先祖以来のすばらしい伝統を継ぎ、文教を世の中に施したいというのである。

政府内には歴史編纂のための部局「史料編輯国史校正局」が設けられたが、国学・漢学と学者の立場の違いによる対立もあって停滞し、ようやく明治五年に太政官正院に歴史課が設置されてから歴史編纂の事業が本格化した。「修史局」と改組された部局は、明治期の制度改変によって内閣、さらに帝国大学に移管され、「史誌編纂掛」となる。日本の近代歴史学は、六国史を継承する意図のもとに開始した編纂事業のなかで育まれたのだ。

しかし明治二五年（一八九二）、史誌編纂委員の久米邦武（一八三九―一九三一）が執筆した論文が神道関係者の批判を浴び、帝国大学を去る事件が起きる。いわゆる久米邦武筆禍事件である。

この事件を契機に、久米らの歴史学を嫌悪していた文部大臣井上毅は史誌編纂掛の廃止を提案する。明治二六年（一八九三）、維新以来の政府が日本の歴史書を作る事業は停止した。

『大日本史料』と『明治天皇紀』

明治二八年（一八九五）、あらためて帝国大学文科大学に「史料編纂掛」が設置されると、今度は歴史書の編纂ではなく、歴史資料（史料）の調査・刊行へと事業の転換が図られた。『大日本史料』『大日本古文書』といった、現在も続く史料の刊行事業である。

『大日本史料』は仁和三年（八八七）から慶応三年（一八六七）までを一六の時代に分け、年月日にかけてあらゆる史料を網羅した日本最大の史料集である。『大日本古文書』は古文書に特化した史料集で、正倉院編年文書・家わけ文書・幕末外国関係文書の三種類が刊行されている。『大日本史料』『大日本古文書』の第一冊目が刊行されたのは明治三四年（一九〇一）のことである。

このようにみると、明治政府の修史事業と史料編纂事業には断絶があるかのようにみえる。草創期帝国大学のなかで育成され、史料編纂掛の基礎を築いた歴史学者三上参次（一八六五―一九三九）もそれを認めている。

しかしながら、『大日本史料』は第一編を宇多天皇の仁和三年から開始している。いうまでもなく六国史の終わるその後の時代を、史料によって語らせようとする構想である。最後の第一六編は明治維新直前の慶応三年までが対象である。

対象範囲が持っている意味は大きい。久米事件による断絶があったにせよ、『大日本史料』は明治二年に修史事業を命じた宸翰沙汰書に原点があり、さらには史料編纂掛が起源として位置づけた和学講談所の『史料』（塙史料）にさかのぼっても、『日本三代実録』で絶えた六国史を継ぐ意識は、継承しているのだ。

このことを『大日本史料』の記述型式から説明する。『大日本史料』は歴史上の事件の概要を「綱文」(事件の内容を要約した文章)として表現し、綱文を作るうえで根拠とした史料の本文を列挙する。したがって史料集であるが、綱文のみを並べれば事実関係をまとめた歴史書となる。それは第2章で説明した『続日本紀』と同じ状況にある。

ちなみに三上参次は明治憲法や皇室典範を起草した金子堅太郎(一八五三―一九四二)のもと、歴史学者として『明治天皇紀』の編纂に加わった。

『明治天皇紀』は大正三年(一九一四)から編修が始まり、昭和八年(一九三三)に完成・奏上された。当初は、帝王の事績をまとめる日本の六国史や中国の正史の伝統にのっとって編修が進んでいたが、大正一一年に総裁に昇格した金子の意向によって方針が変更され、天皇を中心とした明治時代を描く歴史書としての性格を強めた。これは『昭和天皇実録』と異なる点である。

天皇の事績に限定して編修する『昭和天皇実録』は伝統的な帝王の史書であって、『明治天皇紀』の叙述態度のほうが異例である。

『明治天皇紀』の記述型式は、天皇の挙動を綱文によって要約し、その根拠とした史料は名称だけを付記した。『昭和天皇実録』にもこの型式が踏襲されている。史料の本文を掲載するのが『大日本史料』、史料名だけを記載するのが近代天皇の天皇紀・天皇実録である。

文部省が国史を編修する

本章では、国史が作られなくなった時代の六国史の役割、六国史を書き写し解釈することで育まれた学問、六国史が出版されたことによる読者の広がり、これら三つの問題について、時代を追ってみてきた。この章を閉じるにあたり、太平洋戦争下の六国史について触れておきたい。本書全体を通じて六国史とは何か、あらためてその意味を照らし出すと考えるからだ。

昭和一八年（一九四三）八月、東条英機（とうじょうひでき）内閣では国史編修準備委員会（こくしへんしゅうじゅんびいいんかい）の設置が決定された。国家事業として正史を編集するための準備組織であり、文部大臣岡部長景（おかべながかげ）は閣議決定がなされたことを昭和天皇に奏上する（『昭和天皇実録』昭和一八年八月二七日条）。『東京朝日新聞』などは、この決定を「日本正史を編纂」「畏（かしこ）し勅許、一千年振りの盛挙」と報じた。「正史」とは国家が編修した正統な歴史、「一千年振り」とは、『日本三代実録』以来といいたいのである。

ちなみに朝日新聞社では、昭和三年（一九二八）に大阪朝日新聞創業五〇周年記念事業として校訂標注六国史の出版を開始し、また昭和一五年には紀元二六〇〇年紀念事業として増補六国史を発刊している。この時期、六国史の刊行は新聞社の記念事業としてふさわしいものと考えられていた。

さて、文部省が主導した正史編纂事業に対し、東京帝国大学で史料編纂事業に従事してきた研究者の思いは複雑である。昭和一八年一二月一三日に開催された国史編修準備委員会第一回総会では、まず史料編纂所長の龍粛（一八九〇―一九六四）が発言する。体裁こそ違えども『大日本史料』は六国史と同様の性格を持っていると述べ、文部省が正史を編集しようとすることに消極的な意見を示す。

龍とは同僚になる東京帝国大学教授の平泉澄（一八九五―一九八四）は、委員会に先立つ昭和一八年九月九日、総理大臣秘書官に「正史編集愚見」を託した。ここでは四ヵ条を挙げて正史編集の非を具体的に論じ、その第一が「六国史を軽んずるの嫌あり」とする（残りの三ヵ条は、編修期間が短すぎる、適任の歴史家がいない、戦争遂行を優先すべき、というものであった）。

のちに振り返って、このときのことを平泉は次のように述べている。

> 六国史のうち、日本書紀は別格であるが、他の五つは、分かりやすくいえば官報の整理せられたようなものである。そういう体裁のものは、大日本史料の綱文が既に出来ているのであって、新たに編集を起す必要がない。しかもそれは明治の初めに、明治天皇の思召により、六国史を継がんが為に、大日本史料編纂の長久の計が立てられて、その

仕事を進められて来た所である。
（「明治は遠くなりにけり―皇国正史編修の議」）

六国史は官報を整理したようなものだ、とは、本書でも挙げた内藤湖南の見解「官報を綴じこんだようなもの」とも響き合う。そして平泉澄は、六国史の条文は『大日本史料』の綱文と同種なのであるから、いまさら正史を編む必要はない、と説くのである。

戦時下に企てられた文部省の正史編纂事業は成功することなく、敗戦により雲散霧消した。「政府が歴史編修を企てることが、いかに無益な徒労であるのかを、このくらいはっきり示した事例はほかにあるまいと思う」（『古代史の道』）との、国史編修官を兼任していた坂本太郎の述懐に尽きる。

政府は六国史を刊行しない

国家が編纂する歴史書の起点として重視された六国史ではあったが、近代以降現在にいたるまで、政府が六国史の定本（誤りや異同を正した標準となる本）を公表したことはない。このことについて、古代史を専門とする筆者はさほど奇異には思っていなかった。

だが、中国の正史である二十四史の場合、周恩来が歴史学者に点校（本文を校訂し、句読点を付ける）を託し、中華書局から定本というべき評点本が刊行された。また二十四史本文の電子版は、台湾政府に直属する中央研究院歴史語言研究所で公開されている。いずれも国家事業として国の歴史書を校訂・刊行し、電子公開しているのだ。これらと比べたとき、「正史」に対する日本と中国の姿勢の違いがいかに大きいか、あらためて気がつく。

本来であれば、六国史の本文校訂も国家的事業として取り組むべき性質である。ところが日本の場合、明治以降の最初の六国史出版は、実業家・新聞人であった岸田吟香（一八三三—一九〇五）によるものである。長らく六国史の定本となっている国史大系はといえば、最初は経済雑誌社、新訂増補国史大系は吉川弘文館と、いずれも民間の出版社から刊行された。

宮内省では、明治四五年（一九一二）から大正三年（一九一四）、大正八年から大正一一年の二次にわたり、六国史の定本作成をめざした事業が進められていた。良質の写本を網羅して校合（写本ごとの突き合わせ）を行う質の高い事業であったが、定本の作成までは達成されなかった。

日本最初の歴史書、勅撰の権威を褒めあげながら、六国史そのものの校訂本文は現在にいたるまで政府公式の標準版が存在しない。このことは、どのように受け止めればよいのだろう。

塙保己一以来、いよいよ国史を継ぐものは民間である、といってよいのではあるまいか。

あとがき

六国史を主題とした新書執筆の依頼は、本務地の伊勢を離れ、国立歴史民俗博物館の外来研究員として勉強をしていた二〇一四年にいただいた。中公新書編集部がまだ京橋にあった頃である。市大樹さんが橋渡しをしてくださって、編集部の白戸直人さんとお話をすることになった。

お話だけのつもりが、巧みに白戸さんに励まされ、大きな課題をいただくことになってしまった。「はじめに」がうまく書けずに原稿を抱え、佐倉の城内を文字通りさまよったことを思い出す。梅雨入り前の、最後の爽（さわ）やかな晴天の日であった。

大きな課題——「六国史」を標題とした一般向けの書物は、五〇年近く前の刊行になるが、坂本太郎先生の名著がある。坂本先生の文章は過不足のない的確さで、しかもはっきりと断言をされる。本書でもたびたび恩恵に浴した。分をわきまえていないとの声が出るのは承知のうえ、あえて執筆をお引き受けしたのは、大庭脩先生の言葉が胸中にあったからである。大庭先生は、筆者が卒業した皇學館大学の学長在任中に逝去された。先生はつねづね、研究者として専門の論文を発表し、基本となる史料を公刊するとともに、一般に向けた著書を執筆することの大切さを説いておられた。またそれを実践されてきた。

学統を辿ると、内藤湖南にもつながる大庭先生である。温厚なお人柄のなかに、中国にも日本にも通じた史眼の深さ、広さを備えておられた……。

自身の研究を整理し、一般の読者にもわかりやすく伝えることは、ほんとうに難しい。自分ではわかったつもりのことを問い直さなければならない。本書では煩雑な論証や研究史への言及をなるべく工夫し、結論を示して六国史に親しんでもらえるように心がけた。そして、あろうことなら、「歴史を読むおもしろさ」を伝えることをめざした。それもあって、史書と人物の関わりに深入りをしてしまったように思う。

自分のことを振り返ると、文献の成立年代や材源、批評史をまとめた各種の解説に親しみを覚えてきた。卒業論文からして、藤原鎌足の伝記文献『家伝』について、典拠をあれこれ考察したものだった。それもあって、史料の成り立ちや書物の読み解きのなかに歴史と人間の対話を味わってきた。六国史に興味を抱いたのは必然なのだろう。いささか毛色が違うのであるが、古代史への入り口は、いくつもあってよいと思っている。

実のところ本書の内容は、恩師から引き継いで、筆者が現在担当している講義「日本史学史」の一部である。本書をお読みいただいて、あるいは「神道系の大学でこのような講義が成り立つのか」と思われたかもしれないが、実証に重きをおけば、結論は揺らがない。受講生の意外に柔軟な反応を確かめつつ、執筆を進めた。

そのほかにも大神（おおみわ）神社や明治大学など、講座やセミナーで本書の要旨を話したことがある。第4章については、平安文学の研究者、湯淺幸代氏より有益な指摘をいただいた。また科学研究費助成事業（続日本紀を中心とした八世紀紀年史料の総合的研究、課題番号26370777）により研究を進めることができた。

その意味では、本書は机上でのみ誕生したわけではない。受講してくださった方々の反応や指摘、各位の理解や援助があってこそと、心からお礼を申し上げたい。

かくて、どうにか書き上げた原稿は、日本中世史を専攻する学徒、桐田貴史氏に通読してもらった。予想以上の読み込みで、書き入れとともに急所を押さえた読後評が返ってきた。よしやよし。桐田君の指摘を受けて改削をし、それでもなお白戸さんと相談しながら、書き改め、練り上げていったのが本書である。

伯楽に見込まれれば、たとえ駑馬（どば）でも走らねばなるまい。白戸直人さんは執筆の機会を与えてくださり、厳しくも懇篤な編集で導いてくださった。記して感謝する。

平成二十七年十月「芭蕉」を観た後に

遠藤慶太

参考文献

テキスト・注釈

『日本書紀』

佐伯有義編纂『増補六国史　日本書紀』(朝日新聞社、一九四〇年)、名著刊行会より一九八二年復刊

黒板勝美編輯『新訂増補国史大系　日本書紀』前篇・後篇(吉川弘文館、一九五一・五二年)

坂本太郎・家永三郎・井上光貞・大野晋校注『日本古典文学大系　日本書紀』上・下(岩波書店、一九六五・六七年)。一九九四・九五年に岩波文庫に収録、文庫本五冊

國學院大學日本文化研究所編『校本日本書紀』一〜四(角川書店、一九七三〜九五年)

小島憲之・直木孝次郎・西宮一民・蔵中進・毛利正守校注・訳『新編日本古典文学全集日本書紀』一〜三(小学館、一九九四〜九八年)

井上光貞監訳、川副武胤・佐伯有清・笹山晴生現代語訳『日本書紀』上・下(中央公論社、一九八七年)。二〇〇三年に中公クラシックスに収録、新書版三冊

『続日本紀』

黒板勝美編輯『新訂増補国史大系　続日本紀』(吉川弘文館、一九三五年)

佐伯有義編纂『増補六国史　続日本紀』(朝日新聞社、一九四〇年)、名著刊行会より一九八二年復刊

直木孝次郎他訳注『続日本紀』1〜4(平凡社東洋文庫、一九八六〜九二年)

林陸朗『完訳注釈　続日本紀』一〜七(現代思潮社、一九八五〜八九年)

青木和夫・稲岡耕二・笹山晴生・白藤禮幸校注『新日本古典文学大系　続日本紀』一〜五(岩波書店、一九八九〜九八年)

笹山晴生・吉村武彦編『新日本古典文学大系　続日本紀　索引年表』(岩波書店、二〇〇〇年)

『日本後紀』

黒板勝美編輯『新訂増補国史大系　日本後紀』(吉川弘文館、一九三四年)

佐伯有義編纂『増補六国史　日本後紀』(朝日新聞社、一九四〇年)、名著刊行会より一九八二年復刊

黒板伸夫・森田悌編『訳注日本史料　日本後紀』(集英社、二〇〇三年)

森田悌『日本後紀　全現代語訳』上・中・下(講談社学術文庫、二〇〇六・〇七年)

『続日本後紀』

黒板勝美編輯『新訂増補国史大系　続日本後紀』(吉川弘文館、一九三四年)

佐伯有義編纂『増補六国史　続日本後紀』(朝日新聞社、一九四〇年)、名著刊行会より一九八二年復刊

森田悌『続日本後紀　全現代語訳』上・下(講談社学術文庫、

二〇一〇年）

『日本文徳天皇実録』

黒板勝美編輯『新訂増補国史大系　日本文徳天皇実録』（吉川弘文館、一九三四年）

佐伯有義編纂『増補六国史　文徳実録』（朝日新聞社、一九四〇年）、名著刊行会より一九八二年復刊

『日本三代実録』

黒板勝美編輯『新訂増補国史大系　日本三代実録』（吉川弘文館、一九三四年）

佐伯有義編纂『増補六国史　三代実録』（朝日新聞社、一九四〇年）、名著刊行会より一九八二年復刊

武田祐吉・佐藤謙三訳『訓読日本三代実録』（臨川書店、一九八六年）

『類聚国史』『日本紀略』

黒板勝美編輯『新訂増補国史大系　類聚国史』前篇・後篇（吉川弘文館、一九三三・三四年）

黒板勝美編輯『新訂増補国史大系　日本紀略』前篇・後篇（吉川弘文館、一九二九年）

序　章

稲葉一郎『中国史学史の研究』（京都大学学術出版会、二〇〇六年）

鐘江宏之『大伴家持　氏族の「伝統」を背負う貴公子の苦悩』（山川出版社、二〇一五年）

黒板勝美「日本書紀撰修の由来」、『虚心文集』第六（吉川弘文館、一九四〇年）、一九二〇年初出

坂本太郎『坂本太郎著作集第二巻　古事記と日本書紀』（吉川弘文館、一九八八年）

坂本太郎『坂本太郎著作集第三巻　六国史』（吉川弘文館、一九八九年）

坂本太郎『坂本太郎著作集第五巻　修史と史学』（吉川弘文館、一九八九年）

関根淳「戦後六国史研究の潮流」、『日本歴史』七二六、二〇〇八年一一月

内藤湖南『内藤湖南全集』第九巻（筑摩書房、一九六九年）

内藤湖南『内藤湖南全集』第一一巻（筑摩書房、一九六九年）

長谷川一郎『ハレー彗星物語』（恒星社厚生閣、一九八四年）

第１章

『日本書紀』

池内宏『日本上代史の一研究—日鮮の交渉と日本書紀—』（中央公論美術出版、一九七〇年）

石塚晴通「国書の訓点」、『東京国立博物館古典籍叢刊月報』三、二〇一二年三月

石塚晴通「日本書紀古訓について　其の一」、『天理図書館善本叢書』月報五五、一九八三年五月

石塚晴通「北野本日本書紀の訓点」、『築島裕博士古希記念国語学論集』（汲古書院、一九九五年）

石母田正『日本の古代国家』（岩波書店、一九七一年）

磯前順一『記紀神話と考古学　歴史的始原へのノスタルジア』（角川選書、二〇〇九年）

参考文献

磯前順一『記紀神話のメタヒストリー』（吉川弘文館、一九九八年）
市大樹『飛鳥藤原木簡の研究』（塙書房、二〇一〇年）
市大樹『飛鳥の木簡——古代史の新たな解明』（中公新書、二〇一二年）
井上光貞『井上光貞著作集1　日本古代国家の研究』（岩波書店、一九八五年）
荊木美行『『日本書紀』とその世界』（燃焼社、一九九四年）
荊木美行『記紀と古代史料の研究』（国書刊行会、二〇〇八年）
岩橋小彌太『増補　上代史籍の研究』上（吉川弘文館、一九七三年）
植垣節也・橋本雅之編『風土記を学ぶ人のために』（世界思想社、二〇〇一年）
榎村寛之「八世紀の王権と神話」、宮城学院女子大学『キリスト教文化研究所研究年報』三七、二〇〇四年三月
遠藤慶太「『家伝』『懐風藻』の典拠のこと」、『日本歴史』七五九、二〇一一年八月
遠藤慶太『東アジアの日本書紀』（吉川弘文館、二〇一二年）
遠藤慶太『日本書紀の形成と諸資料』（塙書房、二〇一五年）
大津透『天皇の歴史01　神話から歴史へ』（講談社、二〇一〇年）
大山誠一編『聖徳太子の真実』（平凡社、二〇〇三年）
大山誠一編『日本書紀の謎と聖徳太子』（平凡社、二〇一一年）
岡田精司『古代王権の祭祀と神話』（塙書房、一九七〇年）
岡田精司『神社の古代史』（大阪書籍、一九八五年）
小倉慈司・山口輝臣『天皇の歴史09　天皇と宗教』（講談社、二〇一一年）
粕谷興紀「大草香皇子事件の虚と実——『帝王紀』の一逸文をめぐって——」、『皇學館論叢』一一—四、一九七八年八月
粕谷興紀「釈日本紀と養老の講書」、『神道大系月報』六一、一九八六年一二月
加藤謙吉『吉士と西漢氏　渡来氏族の実像』（白水社、二〇〇一年）
加藤謙吉『大和政権とフミヒト制』（吉川弘文館、二〇〇二年）
鎌田元一『律令国家史の研究』（塙書房、二〇〇八年）
川田順造『無文字社会の歴史　西アフリカ・モシ族の事例を中心に』（岩波現代文庫、二〇〇一年、一九七六年初出
岸俊男「画期としての雄略朝—稲荷山鉄剣銘付考—」、『日本古代文物の研究』（塙書房、一九八八年）、一九八四年初出
木下礼仁『日本書紀と古代朝鮮』（塙書房、一九九三年）
金文京『漢文と東アジア——訓読の文化圏』（岩波新書、二〇一〇年）
熊谷公男『日本の歴史03　大王から天皇へ』（講談社学術文庫、二〇〇八年）、二〇〇一年初出
倉本一宏『歴史の旅　壬申の乱を歩く』（吉川弘文館、二〇〇七年）
河内春人『東アジア交流史のなかの遣唐使』（汲古書院、二〇一三年）
神野志隆光『古事記と日本書紀　「天皇神話」の歴史』（講談社現代新書、一九九九年）
小島憲之『上代日本文学と中国文学』上（塙書房、一九六二年）
左近淑『旧約聖書緒論講義』（教文館、一九九八年）
笹川尚紀「「帝紀」・「旧辞」成立論序説」、『史林』八三—三、

二〇〇〇年五月
笹川尚紀「推古朝の修史に関する基礎的考察」、栄原永遠男・西山良平・吉川真司編『律令国家史論集』（塙書房、二〇一〇年）
佐々田悠「記紀神話と王権の祭祀」、『岩波講座　日本歴史』第2巻　古代2（岩波書店、二〇一四年）
新川登亀男「アジアの中の新発見具注暦」、『しにか』一四―八、二〇〇三年八月
新川登亀男・早川万年編『史料としての『日本書紀』　津田左右吉を読みなおす』（勉誠出版、二〇一一年）
神功皇后論文集刊行会編『神功皇后』（皇學館大学出版部、一九七二年）
鈴木靖民編『日本の時代史2　倭国と東アジア』（吉川弘文館、二〇〇二年）
鈴木靖民『倭国史の展開と東アジア』（岩波書店、二〇一二年）
関根淳「日本古代「史書」史をめぐって」、『上智史学』五二、二〇〇七年一一月
関根淳「天皇記・国記考」、『日本史研究』六〇五、二〇一三年一月
竹内亮「木に記された暦」、『木簡研究』二六、二〇〇四年一二月
武田祐吉『武田祐吉著作集2　古事記篇Ⅰ』（角川書店、一九七三年）
武田幸男『高句麗史と東アジア』（岩波書店、一九八九年）
田中卓『田中卓著作集10　古典籍と史料』（国書刊行会、一九九三年）
田中俊明『大加耶連盟の興亡と「任那」　加耶琴だけが残った』（吉川弘文館、一九九二年）
田中俊明『古代の日本と加耶』（山川出版社、二〇〇九年）
田中史生『越境の古代史――倭と日本をめぐるアジアンネットワーク』（ちくま新書、二〇〇九年）
塚口義信『神功皇后伝説の研究　日本古代氏族伝承研究序説』（創元社、一九八〇年）
築島裕「訓点語彙総観　『日本書紀』の訓読とその特徴」、『訓点語彙集成』第一巻（汲古書院、二〇〇七年）
津田左右吉『日本古典の研究』上・下（岩波書店、一九四八・五〇年）
東野治之校注『上宮聖徳法王帝説』（岩波文庫、二〇一三年）
東野治之『史料学探訪』（岩波書店、二〇一五年）
遠山美都男編『日本書紀の読み方』（講談社現代新書、二〇〇四年）
直木孝次郎『日本神話と古代国家』（講談社学術文庫、一九九〇年）
直木孝次郎『直木孝次郎古代を語る3　神話と古事記・日本書紀』（吉川弘文館、二〇〇八年）
那珂通世著・三品彰英増補『増補　上世年紀考』、（養徳社、一九四八年）
仁藤敦史「『日本書紀』編纂史料としての百済三書」、『国立歴史民俗博物館研究報告』一九四、二〇一五年三月
早川万年『壬申の乱を読み解く』（吉川弘文館、二〇〇九年）
平林章仁『謎の古代豪族葛城氏』（祥伝社新書、二〇一三年）
細井浩志『古代の天文異変と史書』（吉川弘文館、二〇〇七年）
細井浩志『日本史を学ぶための〈古代の暦〉入門』（吉川弘文館、二〇一四年）
細井浩志「国史の編纂――『日本書紀』と五国史の比較」、『岩

波講座日本歴史』第二一巻・史料論（岩波書店、二〇一五年）
松前健『松前健著作集5　日本神話原論』（おうふう、一九九八年）
松前健『松前健著作集6　王権祭式論』（おうふう、一九九八年）
三品彰英『三品彰英論文集3　建国神話の諸問題』（平凡社、一九七一年）
三品彰英『日本書紀朝鮮関係記事考證』上・下（天山舎、二〇〇二年）、上巻は一九六二年初出
毛利正守「和文体以前の「倭文体」をめぐって」、『萬葉』一八五、二〇〇三年九月
森公章『戦争の日本史1　東アジアの動乱と倭国』（吉川弘文館、二〇〇六年）
森公章『倭の五王　五世紀の東アジアと倭王群像』（山川出版社、二〇一〇年）
森博達『日本書紀の謎を解く　述作者は誰か』（中公新書、一九九九年）
森博達『日本書紀　成立の真実　書き換えの主導者は誰か』（中央公論新社、二〇一一年）
山尾幸久『古代の日朝関係』（塙書房、一九八九年）
山田英雄『日本書紀の世界』（講談社学術文庫、二〇一四年）、一九七九年初出
吉川真司『飛鳥の都』（岩波新書、二〇一一年）
吉村武彦『古代天皇の誕生』（角川選書、一九九八年）
李成市『古代東アジアの民族と国家』（岩波書店、一九九八年）
和田萃『大系日本の歴史2　古墳の時代』（小学館文庫、一九九二年）、一九八八年初出

第2章
『続日本紀』

井上満郎『桓武天皇　当年の費えといえども後世の頼り』（ミネルヴァ書房、二〇〇六年）
遠藤慶太『平安勅撰史書研究』（皇學館大学出版部、二〇〇六年）
大庭脩『木片に残った文字―大庭脩遺稿集―』（柳原出版、二〇〇七年）
北川和秀「「続日本紀」の区分と編纂方針との関係」、『学習院大学上代文学研究』六、一九八一年三月
木本好信『藤原種継　都を長岡に遷さむとす』（ミネルヴァ書房、二〇一五年）
国立歴史民俗博物館『企画展示　長岡京遷都　桓武と激動の時代』（二〇〇七年）
国立歴史民俗博物館編『歴博フォーラム　桓武と激動の長岡京時代』（山川出版社、二〇〇九年）
栄原永遠男「藤原種継暗殺事件後の任官人事」、『長岡京古文化論叢』（同朋社出版、一九八六年）
栄原永遠男「正倉院文書と続日本紀」、石上英一・加藤友康・山口英男編『古代文書論　正倉院文書と木簡・漆紙文書』（東京大学出版会、一九九九年）
栄原永遠男『正倉院文書入門』（角川選書、二〇一一年）
笹山晴生「続日本紀と古代の史書」、新日本古典文学大系『続日本紀』一（岩波書店、一九八九年）
杉本一樹編『週刊朝日百科　皇室の名宝05　正倉院　文書と経巻』（朝日新聞社、一九九九年）

杉本一樹『正倉院　歴史と宝物』（中公新書、二〇〇八年）
鈴木拓也『戦争の日本史3　蝦夷と東北戦争』（吉川弘文館、二〇〇八年）
鈴木拓也「徳政相論と桓武天皇」、『国史談話会雑誌』五〇、二〇一〇年三月
鈴木拓也「延暦朝の征夷と造都に関する試論」、近畿大学文芸学部論集『文学・芸術・文化』一二―三、二〇一一年三月
関根淳「長屋王の「誣告」記事と桓武朝の歴史認識」、『日本歴史』六六七、二〇〇三年一二月
高田淳「長岡遷都と早良親王」、林陸朗先生還暦記念会編『日本古代の政治と制度』（続群書類従完成会、一九八五年）
瀧川政次郎「長岡遷都と革命思想」、『法制史論叢　第二冊』（角川書店、一九六七年）
中西康裕『続日本紀と奈良朝の政変』（吉川弘文館、二〇〇二年）
中林隆之「護国経典の読経」、『日本古代国家の仏教編成』（塙書房、二〇〇七年）、二〇〇五年初出
西本昌弘「藤原種継事件の再検討――早良親王春宮坊と長岡宮の造営」、『歴史科学』一六五、二〇〇一年八月
西本昌弘『桓武天皇　造都と征夷を宿命づけられた帝王』（山川出版社、二〇一三年）
仁藤敦史「桓武の皇統意識と氏の再編」、『国立歴史民俗博物館研究報告』一三四、二〇〇七年三月
橋本義彦「続日本紀と正倉院宝物」、『新日本古典文学大系月報』三九、（岩波書店、一九九二年）
長谷部将司『日本古代の地方出身氏族』（岩田書院、二〇〇四年）
早川庄八『古典講読シリーズ　続日本紀』（岩波書店、一九九三年）
保立道久『平安王朝』（岩波新書、一九九六年）
丸山裕美子『正倉院文書の世界　よみがえる天平の時代』（中公新書、二〇一〇年）
村尾次郎『人物叢書　桓武天皇』（吉川弘文館、一九六三年）
Ross Bender『The Edicts of the Last Empress, 749-770 A Translation from Shoku Nihongi』(Createspace, 2015)

『日本後紀』

稲田篤信「「血かたびら」考―兄弟互譲の視座から―」、『国語と国文学』八五―五、二〇〇八年五月
遠藤慶太「勅撰史書の政治性―ふたつの桓武天皇紀をめぐり―」、『歴史学研究』八二六、二〇〇七年四月
大塚徳郎「平城朝の政治」、『平安初期政治史研究』（吉川弘文館、一九六九年）
大平和典「『日本後紀』の編纂と藤原緒嗣」、『皇學館論叢』三五―二、二〇〇二年四月
笠井純一「『日本後紀』の第一次撰者と大外記坂上今継」、『続日本紀研究』二七九、一九九二年四月
宮内庁HP、天皇皇后両陛下の記者会見など「天皇陛下お誕生日に際し」（平成一三年）、http://www.kunaicho.go.jp/okotoba/01/kaiken/kaiken-h13e.html
倉本一宏『平安朝　皇位継承の闇』（角川選書、二〇一四年）
河内祥輔『古代政治史における天皇制の論理』（吉川弘文館、一九八六年）
佐々木恵介「薬子の変」、『歴史と地理』五一四、一九九八年六月

笹山晴夫『平安の朝廷——その光と影』（吉川弘文館、一九九三年）
佐藤信「平城太上天皇の変」、『歴史と地理』五七〇、二〇〇三年一二月
西本昌弘「薬子の変とその背景」、『国立歴史民俗博物館研究報告』一三四、二〇〇七年三月
橋本義彦『平安貴族』（平凡社、一九八六年）
林陸朗『上代政治社会の研究』（吉川弘文館、一九六九年）
春名宏昭『人物叢書　平城天皇』（吉川弘文館、二〇〇九年）
目崎徳衛『平安文化史論』（桜楓社、一九六八年）
吉川真司編『古代の人物4　平安の新京』（清文堂出版、二〇一五年）

第3章

『続日本後紀』

磐下徹「1168年前の「犬矢」」、「関東学園大学教員によるNews解説」、二〇一〇年七月七日 http://blog.kanto-gakuen.ac.jp/news/2010/07/1168-6cad.html
小山田和夫「崇親院と藤原良相の仏教」、『講座日本教育史』一（第一法規、一九八四年）
木村茂光「光孝朝の成立と承和の変」、『中世成立期の政治文化』（東京堂出版、一九九九年）
京都市埋蔵文化財研究所編『平安京右京三条一坊六・七町跡—西三条第（百花亭）跡』（二〇一三年）
小嶋菜温子『かぐや姫幻想　皇権と禁忌』新装版（森話社、二〇〇二年）、一九九五年初出
小島憲之『古今集以前』（塙選書、一九七六年）
古代學協會編『仁明朝史の研究—承和転換期とその周辺』（思文閣出版、二〇一一年）
佐伯有清『人物叢書　伴善男』（吉川弘文館、一九七〇年）
佐伯有清『最後の遣唐使』（講談社学術文庫、二〇〇七年）、一九七八年初出
笹山晴生「藤原良房と国風文化」、『岩波講座　日本歴史』月報一四、二〇一五年一月
玉井力「女御・更衣制度の成立」、『名古屋大学文学部研究論集』五六、一九七二年三月
土田直鎮「類聚三代格所収官符の上卿」、『奈良平安時代史研究』（吉川弘文館、一九九二年）、一九六九年初出
増尾伸一郎「金液丹と禅師　仁明天皇の道教的長生法実践とその背景」、『日本古代の典籍と宗教文化』（吉川弘文館、二〇一五年）、二〇一三年初出
桃裕行『桃裕行著作集1　上代学制の研究〔修訂版〕』（思文閣出版、一九九四年）
吉川真司編『日本の時代史5　平安京』（吉川弘文館、二〇〇二年）

『日本文徳天皇実録』

加藤友康「摂関政治と王朝文化」、『日本の時代史6　摂関政治と王朝文化』（吉川弘文館、二〇〇二年）
神谷正昌「九世紀の儀式と天皇」、『史学研究集録』一五、一九九〇年三月
川尻秋生『平安京遷都』（岩波新書、二〇一一年）
川尻秋生「陣定の成立」、吉村武彦編『日本古代の国家と王権・社会』（塙書房、二〇一四年）

今正秀『藤原良房　天皇制を安定に導いた摂関政治』（山川出版社、二〇一二年）
坂本太郎「六国史と文徳実録」、『日本古代史の基礎的研究』上　文献篇（東京大学出版会、一九六四年）、一九六三年初出
佐藤宗諄「文徳実録の編纂―その史料的性格をめぐって―」、奈良女子大学『研究年報』二一、一九七七年三月
野口武司「『文徳実録』良吏伝の検討」、『日本古代の政治と制度』（続群書類従完成会、一九八五年）
野口武司「『続日本後紀』と『文徳実録』」、『信州豊南女短大紀要』五、一九八八年三月
目崎徳衛『貴族社会と古典文化』（吉川弘文館、一九九五年）

『日本三代実録』・『類聚国史』
浅尾広良「六条院行幸での朱雀院―「宇陀の法師」をめぐって―」、『源氏物語の准拠と系譜』（翰林書房、二〇〇四年）、一九九六年初出
大隅和雄「歴史的世界の形成」、『日本の社会史7　社会観と世界像』（岩波書店、一九八七年）
小山田和夫『三代実録係年史料集成』（国書刊行会、一九八二年）
川尻秋生「院と東国―院牧を中心として―」『古代東国史の基礎的研究』（塙書房、二〇〇三年）、一九九四年初出
川尻秋生「『紀家集』と国史編纂―「競狩記」を中心として―」『史観』一五〇、二〇〇四年三月
川尻秋生「文の場――「場」の変化と漢詩文・和歌・「記」」、河野貴美子・Wiebke DENECKE・新川登亀男・陣野英則編『日本「文」学史』第一冊（勉誠出版、二〇一五年）
河添房江『源氏物語と東アジア世界』（日本放送出版協会、二〇〇七年）
黒板伸夫「位階制変質の一側面―平安中期以降における下級位階―」、『平安王朝の宮廷社会』（吉川弘文館、一九九五年）、一九八四年初出
黒須利夫「『年中行事障子』の成立」、『歴史人類』二一、一九九三年三月
坂本太郎『坂本太郎著作集第九巻　聖徳太子と菅原道真』（吉川弘文館、一九八九年）
笹山晴生「政治史上の宇多天皇」、『学習院史学』四二、二〇〇四年三月
佐藤全敏「宇多天皇の文体」、倉本一宏編『日記・古記録の世界』（思文閣出版、二〇一五年）
清水潔「続日本紀と年中行事」、『皇學館大学史料編纂所論集』（皇學館大学史料編纂所、一九八九年）
住吉朋彦「周易抄」、『東山御文庫御物』3（毎日新聞社、一九九九年）
関根淳「『日本三代実録』の別称「外記番記」について」、『研究と資料』一三、一九九四年八月
高橋亨「歳時と類聚―平安朝かな文芸の詩学にむけて―」、『国語と国文学』七六―一〇、一九九九年一〇月
瀧川幸司『菅原道真論』（塙書房、二〇一四年）
柄浩司「『日本三代実録』の編纂過程と『類聚国史』の完成」、『中央大学文学部紀要　史学科四五』一八二、二〇〇〇年二月
松薗斉『王朝日記論』（法政大学出版局、二〇〇六年）
目崎徳衛『王朝のみやび』（吉川弘文館、一九七八年）

目崎徳衛『百人一首の作者たち』（角川ソフィア文庫、二〇〇五年）、一九八三年初出
湯淺幸代「光源氏の観相と漢籍に見る観相説話—継嗣に関わる観相を中心に—」、『中古文学』七〇、二〇〇二年一一月
吉岡眞之「類聚国史」、皆川完一・山本信吉編『国史大系書目解題』下（吉川弘文館、二〇〇一年）
吉岡眞之「尊経閣文庫蔵『類聚国史』解説」、尊経閣善本影印集成『類聚国史』三（八木書店、二〇〇二年）
吉江崇「平安前期の王権と政治」、『岩波講座日本歴史』第4巻　古代4（岩波書店、二〇一五年）
和田英松「藤原基経の廃立」、『中央史壇』二—五、一九二一年五月

第4章

青木和夫・笹山晴生・関晃・林陸朗・尾藤正英「先学を語る—坂本太郎博士—」、『東方学』八四、一九九二年七月
飯田瑞穂「六国史と尊経閣文庫」、『飯田瑞穂著作集5　日本古代史叢説』（吉川弘文館、二〇〇一年）、一九七〇年初出
伊井春樹編『源氏物語注釈書・享受史事典』（東京堂出版、二〇〇一年）
石崎正雄「日本書紀弘安本と乾元本の関係について—卜部家学研究の一節—」、『日本文化』三七、一九五八年二月
伊藤聡『中世天照大神信仰の研究』（法蔵館、二〇一一年）
揖斐高『江戸幕府と儒学者　林羅山・鵞峰・鳳岡三代の闘い』（中公新書、二〇一四年）
今井源衛「大江音人阿保親王子息説をめぐって」、『今井源衛著作集第七巻　在原業平と伊勢物語』（笠間書院、二〇〇四年）、一九八六年初出
エルンスト・ヴュルトヴァイン、鍋谷堯爾・本間敏雄訳『旧約聖書の本文研究　『ビブリア・ヘブライカ』入門』（日本基督教団出版局、一九九七年）
遠藤慶太「失われた古典籍を求めて　日本後紀と塙保己一」、『温故叢誌』六五、二〇一一年一一月
大久保利謙『大久保利謙歴史著作集7　日本近代史学の成立』（吉川弘文館、一九八八年）
太田善麿『人物叢書　塙保己一』（吉川弘文館、一九六六年）
岡田莊司「吉田卜部氏の発展」、『平安時代の国家と祭祀』（続群書類従完成会、一九九四年）
岡田莊司「卜部氏の日本紀研究」、『国文学解釈と鑑賞』六四—三、一九九九年三月
小川剛生「公家社会と太平記」、市沢哲編『歴史と古典　太平記を読む』（吉川弘文館、二〇〇八年）
小川剛生『中世の書物と学問』（山川出版社、二〇〇九年）
小川剛生『足利義満　公武に君臨した室町将軍』（中公新書、二〇一二年）
小川剛生「卜部兼好伝批判—「兼好法師」から「吉田兼好」へ—」、『国語国文学研究』四九、二〇一四年三月
小野田光雄『古事記　釈日本紀　風土記の文献学的研究』（続群書類従完成会、一九九六年）
北川和秀「日本書紀私記」、皆川完一・山本信吉編『国史大系書目解題』下（吉川弘文館、二〇〇一年）
工藤重矩『平安朝文学と儒教の文学観　源氏物語を読む意義を求めて』（笠間書院、二〇一四年）
宮内庁書陵部編修課編『宮内省の編纂事業』（宮内庁書陵部、

二〇〇七年）
久保田収『中世神道の研究』（神道史学会、一九五九年）
久保田収『近世史学史論考』（皇學館大学出版部、一九六八年）
久保田収『神道史の研究　遺芳編』（皇學館大学出版部、二〇〇六年）
小林芳規「日本書紀における大江家の訓読について」、『國學院雑誌』七一―一一、一九七〇年一一月
今田洋三『江戸の本屋さん――近世文化史の側面』（平凡社ライブラリー、二〇〇九年）、一九七七年初出
斎藤政雄『『和学講談所御用留』の研究』（国書刊行会、一九九八年）
坂本太郎『古代史の道　考証史学六十年』、『坂本太郎著作集第一二巻　わが青春』（吉川弘文館、一九八九年）、一九八〇年初出
杉本一樹「栄花物語と編年体」、歴史物語講座刊行委員会編『栄花物語』（風間書房、一九九七年）
鈴木豊「乾元本紀所引『日本紀私記』の万葉仮名について」、『国文学研究』九六、一九八八年一〇月
関根賢司「源氏物語と日本紀」、『物語文学論　源氏物語前後』（桜楓社、一九八〇年）、一九七三年初出
東京国立博物館・東京大学史料編纂所『時を超えて語るもの　史料と美術の名宝』（東京大学史料編纂所、二〇〇一年）
東京大学史料編纂所『東京大学史料編纂所史料集』（東京大学史料編纂所、二〇〇一年）
徳川美術館・徳川博物館『家康の遺産―駿河御分物―』（一九九二年）
長澤孝三『幕府のふみくら　内閣文庫のはなし』（吉川弘文館、二〇一二年）
永島福太郎『人物叢書　一条兼良』（吉川弘文館、一九五九年）
中田易直「戦中・戦後の文部省学術行政」上、『日本歴史』八一〇、二〇一五年一一月
仁藤敦史「伊豆国造と伊豆国の成立」、千葉歴史学会編『古代国家と東国社会』（高科書店、一九九四年）
日本書紀撰進千二百年紀念会編『日本書紀古本集影』（一九二〇年）
芳賀幸四郎『人物叢書　三条西実隆』（吉川弘文館、一九六〇年）
長谷川亮一『「皇国史観」という問題　十五年戦争期における文部省の修史事業と思想統制政策』（白澤社、二〇〇八年）
原克昭『中世日本紀論考　註釈の思想史』（法蔵館、二〇一二年）
原勝郎『東山時代における一縉紳の生活』（講談社学術文庫、一九七八年）、一九四一年初出
原秀三郎「伊豆の卜部と卜部平麻呂」、『地域と王権の古代史学』（塙書房、二〇〇二年）、一九九四年初出
日向一雅『源氏物語の準拠と話型』（至文堂、一九九九年）
日向一雅『源氏物語の世界』（岩波新書、二〇〇四年）
平泉澄「明治は遠くなりにけり―皇国正史編修の議―」、田中卓編『平泉博士史論抄』（青々企画、一九九八年）、一九六三年初出
福井保『紅葉山文庫　江戸幕府の参考図書館』（郷学舎、一九八〇年）
福長進『歴史物語の創造』（笠間書院、二〇一一年）
藤實久美子『近世書籍文化論　史料論的アプローチ』（吉川弘

文館、二〇〇六年）
藤田覚『天皇の歴史06　江戸時代の天皇』（講談社、二〇一一年）
藤森馨「湯島聖堂旧蔵徳川光圀献上本の所在確認と装訂—結び綴の意義—」、『大倉山論集』三七、一九九五年三月
堀口修「『明治天皇紀』編修と金子堅太郎」、『日本歴史』六六一、二〇〇三年六月
堀口修「『明治天皇紀』編修と近現代の歴史学」、『明治聖徳記念学会紀要』復刊四三、二〇〇六年一一月
松沢裕作『重野安繹と久米邦武　「正史」を夢みた歴史家』（山川出版社、二〇一二年）
三上参次『明治時代の歴史学界』（吉川弘文館、一九九一年）
宮川葉子『三条西実隆と古典学』改訂新版（風間書房、一九九九年）
森銑三「稲山行教」、『森銑三著作集続編』第二巻（中央公論社、一九九二年）、一九四一年初出
森銑三「物語塙保己一」、『森銑三著作集』第七巻（中央公論社、一九八九年）、一九四二年初出
森田悌「『日本後紀』塙本の原本」、『続日本紀研究』三二九、二〇〇〇年一二月
山中裕『歴史物語成立序説　源氏物語・栄花物語を中心として』（東京大学出版会、一九六二年）
山中裕「栄花物語月宴巻について」、『国語と国文学』四七四、一九六三年一〇月
湯浅幸代「古注釈の世界——読者の『源氏物語』」、室伏信助監修・上原作和編『人物で読む『源氏物語』第九巻　末摘花』（勉誠出版、二〇〇五年）
吉岡眞之『古代文献の基礎的研究』（吉川弘文館、一九九四年）
吉森佳奈子『『河海抄』の『源氏物語』』（和泉書院、二〇〇三年）
脇田晴子「三条西実隆の風雅」、『天皇と中世文化』（吉川弘文館、二〇〇三年）、一九九四年初出
和田英松『本朝書籍目録考証』（明治書院、一九三六年）

六国史　関連年表

年号		収録範囲	主要事項	関連事項
西暦	和暦			
紀元前六六七		日本書紀	日本書紀の最初の紀年干支「甲寅」（日本書紀）	
紀元前六六〇	神武天皇元年		設定された神武天皇の即位年（日本書紀）	
二三九				倭女王、魏に遣使
三六九				七枝刀銘文
四一四				高句麗広開土王碑の建碑
四二五				倭王讃、宋に遣使
四七五				百済の漢城が陥落
四七八	雄略天皇　二二		水江浦島子の伝承（日本書紀）	倭王武、宋に遣使
五二三	継体天皇　一七		百済武寧王没（武寧王陵墓誌・日本書紀）	
六〇一	推古天皇　九		この年の「辛酉」を起点に神武天皇即位年が設定されたとされる	
六二〇	推古天皇　二八		聖徳太子・蘇我馬子、天皇記・国記などの編纂に着手（日本書紀）	
六二二	推古天皇　三〇			聖徳太子没（49）

西暦	年号	日本書紀	
六四五	皇極天皇四 大化元	蘇我蝦夷邸で天皇記が焼失、国記のみ救出される（日本書紀）	大化改新
六五九	斉明天皇五	遣唐使が派遣される。その後、唐で抑留される（日本書紀）	
六六三	天智天皇二		白村江の戦い
六七二	天武天皇元	壬申の乱（日本書紀）	大友皇子没（25）
六八〇	天武天皇九	薬師寺建立の発願（薬師寺東塔檫銘・日本書紀）	
六八一	天武天皇一〇	**帝紀・上古諸事の編纂を命じる**（日本書紀）	
六九一	持統天皇五	大三輪氏など一八氏に墓記の提出を命じる（日本書紀）	
六九七	持統天皇一一	持統天皇が孫の文武天皇に譲位する（日本書紀・続日本紀）	
七〇一	大宝元		大宝律令の制定
七一〇	和銅三		平城京遷都
七一二	和銅五		古事記の完成
七一三	和銅六		風土記の提出が命じられる
七二〇	養老四	**日本書紀が完成**（続日本紀）	
七二一	養老五	第一回日本紀講（釈日本紀など）	
七二九	神亀六	謀反を密告された長屋王が自殺する（続日本紀）	

西暦	和暦	六国史	事項	出来事
七三五	天平七	続日本紀		舎人親王没(60)
七五二	天平勝宝四	続日本紀		大仏開眼
七五三	天平勝宝五	続日本紀	百座仁王会が開催される(正倉院文書・続日本紀)	
七五七	天平宝字元	続日本紀		養老律令の施行
七五八	天平宝字二	続日本紀	**この頃、続日本紀の編纂が始まるか(続日本紀上表文)**	
七六四	天平宝字八	続日本紀		藤原仲麻呂の乱
七八一	天応元	続日本紀	桓武天皇即位、早良親王が皇太子となる(続日本紀)	
七八四	延暦三	続日本紀		長岡京遷都
七八五	延暦四	続日本紀	藤原種継が暗殺され、早良親王が死に追いやられる(日本紀略)	淡海三船没(64)、大伴家持没(68)
七九一	延暦一〇	続日本紀		征夷使を任命
七九四	延暦一三	日本後紀	**続日本紀の後半が完成(続日本紀上表文)**	征夷使が戦勝を報告、平安京遷都
七九六	延暦一五	日本後紀		藤原継縄没(70)
七九七	延暦一六	日本後紀	**続日本紀の前半が完成(続日本紀上表文)**	
八〇〇	延暦一九	日本後紀	早良親王に天皇号を追尊する(類聚国史・日本紀略)	
八〇五	延暦二四	日本後紀		菅野真道・藤原緒嗣による徳政論争

西暦	年号	史書	記事	その他
八〇六	延暦二五 大同元	日本後紀	桓武天皇崩御、平城天皇即位（日本後紀）	
八〇九	大同四	日本後紀	平城天皇、弟の嵯峨天皇に譲位する（日本後紀）	
八一〇	大同五	日本後紀	薬子の変、平城太上天皇が剃髪する（日本後紀）	
八一二	弘仁三	日本後紀	第二回日本紀講	
八一四	弘仁五	日本後紀		菅野真道没（74）
八一五	弘仁六	日本後紀		新撰姓氏録が完成する
八一九	弘仁一〇	日本後紀	日本後紀の編纂が始まる（日本後紀序）	
八二三	弘仁一四	日本後紀	嵯峨天皇、弟の淳和天皇に譲位する（類聚国史・日本紀略）	
八三三	天長一〇	日本後紀	淳和天皇、甥の仁明天皇に譲位する（続日本後紀）	
八四〇	承和七	日本後紀	日本後紀が完成（日本後紀序、続日本後紀では承和八年）	
八四二	承和九	続日本後紀		嵯峨太上天皇崩（57）、承和の変
八四三	承和一〇	続日本後紀	第三回日本紀講	藤原緒嗣没（70）
八五〇	嘉祥三	続日本後紀	仁明天皇崩御（続日本後紀）	
八五五	斉衡二	文徳実録	続日本後紀の編纂が始まる（続日本後紀序・文徳実録）	
八五七	天安元	文徳実録		藤原良房、太政大臣となる

西暦	和暦	主要事項	関連事項
		日本三代実録	
八五八	天安 二	文徳天皇崩御（文徳実録）	
八六六	貞観 八		応天門の変
八六七	貞観 九		藤原良相没（51）
八六九	貞観 一一	続日本後紀が完成（続日本後紀序）、陸奥国で地震・津波（三代実録）	
八七〇	貞観 一二		春澄善縄没（74）
八七一	貞観 一三	日本文徳天皇実録の編纂が始まる（文徳実録序、あるいは貞観一五年からか）	
八七二	貞観 一四		藤原良房没（69）
八七八	元慶 二	第四回日本紀講	
八七九	元慶 三	日本文徳天皇実録が完成（文徳実録序）	
八八四	元慶 八	陽成天皇が退位し、光孝天皇が即位する（三代実録）	
八八七	仁和 三	光孝天皇崩御（三代実録）	
八八八	仁和 四		阿衡事件が決着
八九一	寛平 三		藤原基経没（56）

八九二	寛平	四	日本三代実録の編纂が始まる（日本紀略）、この頃、類聚国史の編纂が始まる（菅家御伝記）	
八九七	寛平	九	宇多天皇、子の醍醐天皇に譲位する（日本紀略）	源能有没（53）
九〇一	昌泰 延喜元	四	日本三代実録が完成（三代実録序）	昌泰の変
九〇三	延喜	三		菅原道真没（59）
九〇四	延喜	四	第五回日本紀講	
九二七	延長	五		延喜式が完成する
九三一	承平元			宇多法皇崩（65）
九三六	承平	六	第六回日本紀講	
九五四	天暦	八	大江朝綱が撰国史所別当に任じられる（類聚符宣抄）	
九五七	天徳元		大江維時が撰国史所別当に任じられる（類聚符宣抄）	
九六五	康保	二	第七回日本紀講	
九六六	康保	三	村上天皇の月の宴（日本紀略・栄花物語）	
一〇〇八	寛弘	五	一条天皇が「日本紀の御局」の評をもらす（紫式部日記）	
一〇一〇	寛弘	七	一条天皇が国史編纂の発議を命じる（権記）	
一一八五	文治元			壇ノ浦合戦、平家滅亡
一二七四	文永	一一	ト部兼文が日本書紀を講義（釈日本紀など）	蒙古襲来（文永の役）

西暦	年号	年	事項	関連事項
一二八六	弘安	九	卜部兼員が日本書紀神代巻に奥書を記す（日本書紀弘安本）	
一三〇三	乾元	二	卜部兼夏が日本書紀神代巻を書写する（日本書紀乾元本）	
一三四八	貞和	四	献上された宝剣について卜部兼員が諮問を受ける（宇治入条々紙背卜部兼員書状）	
一三七七	永和	三	時衆僧の浄阿が熱田神宮に日本書紀を寄進する（日本書紀熱田本）	
一三八六	至徳	三	卜部兼熙、従三位となる（公卿補任）	
一三九二	明徳	三		南北朝合一
一四〇二	応永	九		吉田兼熙没（55）、四辻善成没（77）
一四二三	応永	三〇	一条兼良が吉田家へ日本紀を返伝授する（日本書紀乾元本）	
一四七四	文明	六	一条兼良が日本書紀の古写本を吉田家の本と校合する（日本書紀岩崎本）	
一四八〇	文明	一二	吉田兼倶が後土御門天皇に日本書紀神代巻を進講する（御湯殿上日記・宣胤卿記）	
一四八一	文明	一三		一条兼良没（80）
一五一三	永正	一〇	三条西実隆が六国史の書写を始める（日本書紀兼右本）	
一五三七	天文	六		三条西実隆没（83）
一五九九	慶長	四	後陽成天皇が日本書紀神代巻を出版する（慶長勅版刊記）	

一六一〇	慶長	一五	日本書紀全巻が古活字版で出版される（日本書紀古活字版刊記）	
一六一二	慶長	一七	徳川家康、続日本紀蓬左文庫本の献上を受け、林羅山に読ませる（駿府記）	
一六一四	慶長	一九	徳川家康、京都で六国史などの書写を命じる（駿府記・本光国師日記）	大坂冬の陣
一六一五	慶長 元和元	二〇		大坂夏の陣、豊臣氏滅亡
一六一六	元和	二		徳川家康没（75）
一六五七	明暦	三	続日本紀が出版される（明暦版本刊記）	
一六六八	寛文	八	続日本後紀が出版される（寛文版本刊記）	
一六六九	寛文	九	日本書紀・文徳実録が出版される（寛文版本刊記）	
一六七三	寛文	一三	三代実録が出版される（寛文版本刊記）	
一六九一	元禄	四	徳川光圀、湯島聖堂に六国史などを献納する（桃源遺事）	
一七〇〇	元禄	一三		徳川光圀没（73）
一七九三	寛政	五	塙保己一の請願により和学講談所の設置が許可される（和学講談所御用留）	
一七九九	寛政	一一	塙保己一が日本後紀八冊を出版する（塙版本刊記）	
一八〇一	享和元		塙保己一が日本後紀二冊を出版する（塙版本刊記）	
一八二一	文政	四		塙保己一没（76）

六国史 関連年表

西暦	和暦		事項	一般事項
一八三九	天保	一〇	禁裏で日本書紀の会読が終了し、続日本紀の会読が始まる（山科言成卿記）	
一八四七	弘化	四	石清水臨時祭を行い、神功紀を引用して異国船の撃退を祈願する（石清水臨時祭宣命草写）	
一八六七	慶応	三		大政奉還、王政復古の大号令
一八六九	明治	二	明治天皇が三代実録を継ぐ国史編纂事業を命じる。史料編輯国史校正局の設置	
一八八八	明治	二一	内閣に設置されていた臨時修史局が帝国大学に移管され臨時編年史編纂掛となる	
一八九二	明治	二五	久米邦武が発表した論文が批判を受け、帝国大学教授を依願免職となる	
一八九三	明治	二六	井上毅の提議で史誌編纂掛が廃止される	
一八九五	明治	二八	あらためて史料編纂掛が設置される	
一八九七	明治	三〇	田口卯吉の経済雑誌社より国史大系の刊行が始まる。六国史を収録	
一九〇一	明治	三四	大日本史料・大日本古文書の刊行が始まる	
一九一二	明治	四五	井上頼圀を主任として、宮内省で六国史校訂事業が開始される（〜大正三）	
一九一四	大正	三	明治天皇紀の編修が始まる	

一九一九	大正八	森鷗外を委員長として、宮内省で第二次の六国史校訂事業が開始される（～大正一一）	
一九二〇	大正九	日本書紀撰進一二〇〇年を記念した古本の展覧・講演が開催され、摂政宮（昭和天皇）に供覧・説明	
一九二八	昭和三	朝日新聞社が校訂標注六国史を刊行する	
一九二九	昭和四	黒板勝美の編輯により新訂増補国史大系の刊行が始まる	
一九三三	昭和八	明治天皇紀が完成	
一九四〇	昭和一五	紀元二六〇〇年紀念事業として朝日新聞社が増補六国史を刊行する	
一九四一	昭和一六		太平洋戦争開戦
一九四三	昭和一八	文部省で正史を編纂することを閣議決定する	
一九四五	昭和二〇	国史編修院が設置される（翌年廃庁）	終戦

遠藤慶太（えんどう・けいた）

1974（昭和49）年兵庫県生まれ．2004年大阪市立大学文学研究科博士後期課程修了．博士（文学）．皇學館大学史料編纂所助手，同助教授・准教授を経て，17年皇學館大学文学部国史学科准教授，18年より同教授．専攻・日本古代史．本書で第4回古代歴史文化賞優秀作品賞受賞．

著書『平安勅撰史書研究』（皇學館大学出版部，2006年）
『東アジアの日本書紀』（吉川弘文館，2012年）
『日本書紀の形成と諸資料』（塙書房，2015年）

六国史（りっこくし）
――日本書紀（にほんしょき）に始（はじ）まる古代（こだい）の「正史（せいし）」
中公新書 2362

2016年2月25日初版
2021年11月30日6版

著　者　遠藤慶太
発行者　松田陽三

本文印刷　三晃印刷
カバー印刷　大熊整美堂
製　　本　小泉製本

発行所　中央公論新社
〒100-8152
東京都千代田区大手町1-7-1
電話　販売　03-5299-1730
　　　編集　03-5299-1830
URL http://www.chuko.co.jp/

Published by CHUOKORON-SHINSHA, INC.
Printed in Japan　ISBN978-4-12-102362-9 C1221

日本史